El Secreto de la Felicidad

Billy Graham

El Secreto de la Felicidad

Revisado y ampliado

CASA BAUTISTA DE PUBLICACIONES

CASA BAUTISTA DE PUBLICACIONES

Apartado Postal 4255, El Paso, TX 79914 EE. UU. de A.

Agencias de Distribución

ARGENTINA: Rivadavia 3474, 1203 Buenos Aires. **BOLIVIA:** Casilla 2516, Santa Cruz. **COLOMBIA:** Apartado Aéreo 55294, Bogotá 2, D.C. **COSTA RICA:** Apartado 285, San Pedro Montes de Oca, San José. **CHILE:** Casilla 1253, Santiago. **ECUADOR:** Casilla 3236, Guayaquil. **EL SALVADOR:** Apartado 2506, San Salvador. **ESPAÑA:** Padre Méndez #142-B, 46900 Torrente, Valencia. **ESTADOS UNIDOS:** 7000 Alabama, El Paso, TX 79904, Tel.: (915)566-9656, Fax: (915)565-9008; 960 Chelsea Street, El Paso TX 79903, Tel.: (915)778-9191; 3725 Montana, El Paso, TX 79903, Tel.: (915)565-6234, Fax: (915)726-8432; 312 N. Azusa Ave., Azusa, CA 91702, Tel.: 1-800-321-6633, Fax: (818)334-5842; 1360 N.W. 88th Ave., Miami, FL 33172, Tel.: (305)592-6136, Fax: (305)592-0087; 8385 N.W. 56th Street, Miami, FL 33166, Tel.: (305)592-2219, Fax: (305)592-3004. **GUATEMALA:** Apartado 1135, Guatemala 01901. **HONDURAS:** Apartado 279, Tegucigalpa. **MEXICO:** Vizcaínas Ote. 16, Col. Centro, 06080 México, D.F.; Apartado 113-182, 03300 México, D.F.; Madero 62, Col. Centro, 06000 México, D.F.; Independencia 36-B, Col. Centro, 06050 México, D.F.; Matamoros 344 Pte., 27000 Torreón, Coahuila; Hidalgo 713, 44290 Guadalajara, Jalisco; Félix U. Gómez 302 Nte., Monterrey, N. L. **NICARAGUA:** Apartado 2340, Managua. **PANAMA:** Apartado E Balboa, Ancon. **PARAGUAY:** Casilla 1415, Asunción. **PERU:** Apartado 3177, Lima. **PUERTO RICO:** Calle 13 S.O. #824, Capparra Terrace; Calle San Alejandro 1825, Urb. San Ignacio, Río Piedras. **REPUBLICA DOMINICANA:** Apartado 880, Santo Domingo. **URUGUAY:** Casilla 14052, Montevideo 11700. **VENEZUELA:** Apartado 3653, El Trigal 2002 A, Valencia, Edo. Carabobo.

Ediciones: 1980, 1984, 1987 edición revisada y ampliada, 1994
Quinta edición: 1997

Clasificación Decimal Dewey: 226.93

Temas: 1. Bienaventuranzas - crítica, interpretación, etc.
2. Biblia. NT Mateo - Estudio
3. Felicidad

ISBN: 0-311-46108-5
C.B.P. Art. No. 46108

1.5 M 7 97

Printed in U.S.A.

Dedicatoria

A MIS PADRES,
Cuyas vidas piadosas me enseñaron
el secreto de la felicidad

NOTA DE LOS EDITORES

La traducción de la primera edición castellana fue llevada a cabo por Luis Torres y Márquez. La tarea editorial de traducir los nuevos materiales agregados, y de corregir y revisar el texto en general de esta nueva edición ampliada y corregida, fue realizada por José Luis Martínez y Roberta Ryan del Departamento de Libros Generales de la Casa Bautista de Publicaciones.

Indice

Prefacio

Me puse a escribir un libro sobre "El Más Grande Sermón Que Se Haya Predicado" —el Sermón de la montaña— pero no fui más allá de las ocho bienaventuranzas. Mientras más leía, meditaba y estudiaba, mejor comprendía que Cristo nos dio en ellas una fórmula para alcanzar la felicidad personal aplicable a todos, sin distinciones de raza, situación geográfica, edad o circunstancias. He basado mis comentarios sobre las Bienaventuranzas en la amada y bella versión Reina-Valera de la Biblia, aunque he seguido la sugerencia de los eruditos que recomiendan usar la palabra "felices" por "bienaventurados", debido a que es más común y que sugiere gozo en medio de la vida real.[1]

Al dar forma escrita a estos pensamientos, decidí consultar con otros escritores. En estas pocas declaraciones de Cristo se encuentra toda la altura y profundidad de sus doctrinas. Como alguien ha dicho: "El carácter que encontramos en las bienaventuranzas es, sin asomo de duda, ni más ni menos que el propio carácter de nuestro Señor puesto en palabras. Es una descripción puesta al lado de un ejemplo."

¡Las Bienaventuranzas son revolucionarias y sorprendentes, profundísimas y, sin embargo, muy sencillas. Aplicadas en el nivel universal, podrían transformar el mundo en que vivimos. Si aplicamos estas sencillas fórmulas a nuestra vida, jamás seremos los mismos.

A medida que reestudiaba las Bienaventuranzas preparándome para esta edición revisada, he quedado sorprendido de la naturaleza universal y permanente de estas enseñanzas de Jesús.

---

1. Nota de los Editores. En inglés se usaba y se usa en la King James Version el término "blessed" (bendito o bendecido) y se sugiere sustituirlo por la palabra "happy" (feliz). En castellano el término "bienaventurado" significa "dos veces feliz".

9

He sentido renovada la profundidad y el desafío de estas breves palabras de nuestro Señor. En esta edición revisada he realizado muchos cambios menores con el fin de actualizarla y hacerla práctica. He incluido también el fruto de un mejor discernimiento conseguido desde que fue publicado por primera vez en 1955. Pero la Palabra de Dios no cambia, como tampoco cambia el poder que transforma nuestras vidas. De la misma manera que Jesucristo llevó esperanza y nueva vida a aquellos que se congregaron por primera vez en Galilea para escuchar el Sermón del monte, así también puede hacer brotar en nosotros la esperanza y nueva vida a medida que comprendemos su verdad, nos dedicamos a ella y vivimos cada día en su luz.

En la primera edición mi amigo y colaborador Lee Fisher fue de tremenda ayuda. En esta edición revisada, mi esposa Rut, mi hija Gigi Tchividjian, el doctor John Akers, mi diligente investigador, y Al Bryant, el editor de Word Books Publishers, han sido indispensables. Estoy también hondamente agradecido a mi asistente administrativo, Stephanie Wills, por su inapreciable consejo y por mantenernos al día.

Es mi oración que a medida que leas este libro, y medites por ti mismo en las Bienaventuranzas, te des cuenta de que estas antiguas verdades son hoy tan actuales como ayer. Pueden cambiar tu vida y señalarte el camino hacia la felicidad verdadera y permanente, porque te señalan hacia Cristo y sus principios eternos de vida.

Un detalle último. He utilizado la palabra "hombre" en este libro, junto con los pronombres apropiados que le siguen, en el sentido genérico del término, para referirme a la raza humana en su sentido más amplio.

Billy Graham

1

La Búsqueda
de la Felicidad

"Bienaventurados —felices, envidiados y espiritualmente
prósperos, que es, gozo en la vida y satisfacción en el
favor y salvación de Dios, prescindiendo de sus
condiciones externas— los pobres en espíritu. . ."

Mateo 5:3.[1]

Un filósofo francés dijo una vez: "El mundo entero ansía locamente seguridad y paz." Un presidente de la Universidad de Harvard expresó: "El mundo anhela un credo en el cual creer y un canto que entonar."

Un millonario tejano confesó: "Pensé que con dinero podría comprar la felicidad, pero he quedado miserablemente desilusionado." Una famosa estrella de cine exclamó: "Tengo dinero, belleza, atractivo y popularidad; debiera ser la mujer más feliz del mundo, pero soy una miserable. ¿Por qué?" Uno de los más encumbrados dirigentes sociales de la Gran Bretaña dijo: "He perdido el deseo de vivir, no obstante que tengo todo lo necesario para la vida. ¿Qué es lo que pasa?" La poetisa Amy Wilson Carmichael escribió:

---

1. Traducción de la Versión Ampliada de la Biblia.

11

Por la solitaria y sombría senda él caminó.
"Entra en mi gozo", Dios invitó.
Mas el triste asceta su cabeza movió,
"He perdido el gusto del gozo", respondió.

Un individuo fue a consultar a un psiquiatra y le dijo: "Doctor, me siento solitario, abatido y miserable, ¿puede ayudarme?" El psiquiatra le aconsejó ir al circo y ver a un famoso payaso de quien afirmaba hacía reír a carcajadas aun a los más desalentados. Su paciente dijo: "Yo soy ese payaso."

Un estudiante expresó: "He pasado por bastantes experiencias, como para ser viejo y ya estoy harto de la vida."

Un famoso bailarín griego de antaño aseveró en una ocasión: "Jamás me he encontrado solo sin que mis manos tiemblen, mis ojos se llenen de lágrimas y sin que mi corazón añore una paz y una felicidad que jamás he encontrado."

Uno de los más encumbrados estadistas del mundo me dijo: "Soy un viejo, la vida ha perdido todo su significado. Estoy listo a dar el salto fatal hacia lo desconocido. Joven, ¿puede usted darme un rayo de esperanza?"

El cristiano, por el otro lado, tiene una perspectiva diferente del significado de la felicidad. C. S. Lewis dijo: "El gozo es la tarea seria del cielo." Y añadió: "Todas sus ofertas son gozos." La Madre Teresa de Calcuta dijo: "La verdadera santidad consiste en hacer la voluntad de Dios con una sonrisa."

Jesús declaró: "Yo he venido para que tengan vida, y para que la tengan en abundancia" (Juan 10:10). Y otra vez dice: "Estas cosas os he hablado, para que mi gozo esté en vosotros, y vuestro gozo sea cumplido" (Juan 15:11).

Buscamos la felicidad en los lugares equivocados

Hace 2500 años el profeta Isaías observaba a un pueblo que anhelaba felicidad y seguridad pero que la buscaba en lugares equivocados. Corrían a los mercados y a los lugares de diversión, gastando su dinero locamente en cosas que no les traía satisfacción permanente.

Un día apareció delante de ellos y les dio una palabra de parte de Dios: "A todos los sedientos: Venid a las aguas; y los que no tienen dinero, venid, comprad y comed. Venid, comprad sin dinero y sin precio, vino y leche. ¿Por qué gastáis el dinero en lo que no es pan, y vuestro trabajo en lo que no sacia? Oídme atentamente, y comed del bien, y se deleitará vuestra alma con grosura" (Isaías 55:1, 2).

Isaías no les habló negativamente ni les regañó por sus pecados en este sermón. No arrebató la botella de la mano del borracho, ni les sermoneó sobre los males de la glotonería, tampoco les avergonzó por sus inmoralidades. Lo pasó todo por alto por un momento. Simplemente les preguntó: "¿Estáis consiguiendo de la vida lo que deseáis? ¿Por qué gastáis vuestro dinero en lo que no os satisface?"

Si Isaías viviera hoy se pararía probablemente en la calle Cuarenta y Dos o en Broadway en Nueva York, o en lugares similares de Chicago o San Francisco, y simplemente preguntaría a las multitudes inquietas e insatisfechas: "¿Conseguís lo que queréis? ¿Os sentís satisfechos?"

Le preguntaría a la actriz hastiada de fama y fortuna, pero buscando hambrienta por la vida: "¿Estás consiguiendo lo que quieres?" Le diría al financiero eminentemente exitoso que manda flotas y controla industrias: "¿Estás consiguiendo lo que quieres?"

Les diría a los obreros de los Estados Unidos que gozan del más alto nivel de vida de la historia: "¿Estáis consiguiendo lo que queréis?" Y les preguntaría también a los jóvenes: "¿Estáis alcanzando lo que buscáis?"

Les diría a los consumidores estadounidenses que disfrutan de las mejores casas, del más fino y cómodo mobiliario, de los mejores alimentos, y de los más suaves y poderosos automóviles: "¿Estáis obteniendo lo que queréis?"

Dios tiene la respuesta

Isaías no los dejó con una pregunta sin respuesta. Les anunció que hay un camino de vida satisfactorio, si lo buscamos. Les exhortó a dejar de buscar en vano donde no encontrarían nada y a empezar a buscar la felicidad donde pueden realmente encontrarla, en la correcta relación con Dios.

Nuestro mundo materialista se apresura en su eterna búsqueda por la fuente de la felicidad. Entre más conocimientos adquirimos, menos sabiduría tenemos; entre más seguridad

económica poseemos, más aburrimiento nos embarga; y entre
más disfrutamos del placer ocioso menos satisfechos y contentos
estamos de la vida. Somos como un mar revoltoso, revelando un
poquito de sosiego aquí y otro poquito de placer allá, mas nada
de permanente y satisfactorio. Así que, la búsqueda continúa.
Los hombres seguirán matando, mintiendo, engañando, roban-
do y haciendo la guerra para satisfacer su anhelo de poder,
placer y riqueza, pensando que con esto adquirirán para ellos
mismos y para los que los rodean: paz, seguridad, contento y
felicidad. Pero todo es en vano.

Con todo, dentro de nosotros se sigue escuchando una
vocecita susurrante que dice: "No fuimos creados para esto,
fuimos destinados para cosas mejores." Abrigamos un sentimiento misterioso de que en algún lugar existe una fuente que
contiene la felicidad y que hace que la vida valga la pena vivirse.
Seguimos acariciando la esperanza de que en algún sitio, alguna
vez tropezaremos con el secreto. A veces sentimos que ya lo
tenemos, pero al descubrirlo nos damos cuenta de que era un
mero espejismo, que nos ha dejado desilusionados, confusos,
desdichados, y todavía buscando.

Tenemos que darnos cuenta de que hay dos clases de
felicidad. Una es aquella que nos viene cuando nuestras
circunstancias son agradables y estamos relativamente libres de
dificultades. Lo malo con esta clase de felicidad es que es
superficial y transitoria. Cuando las circunstancias cambian,
como inevitablemente sucede, este tipo de felicidad se evapora
como la niebla de la mañana ante el calor del sol. Además,
aunque nuestras circunstancias externas parezcan ideales, podemos todavía tener problemas internos por esa hambre imperti-
nente o ese anhelo por algo que no podemos identificar.
Decimos que somos "felices", pero allí dentro de nosotros
mismos sabemos que es sólo temporal y superficial. Sí, de vez en
cuando podemos pensar que hemos hallado un cierto grado de
felicidad, pero tarde o temprano desaparece. Nuestra búsqueda
de felicidad permanece insatisfecha.

Pero existe otra clase de felicidad, aquella clase que
anhelamos. Este segundo tipo de felicidad es un gozo y paz
interiores permanentes, que sobreviven a toda circunstancia. Es
una felicidad que permanece independientemente de lo que se
cruce en nuestro camino, y que, inclusive, puede crecer más

fuerte en la adversidad. Esta es la clase de felicidad que Jesús nos presenta en las Bienaventuranzas. Esta felicidad con calidad de permanente sólo viene de Dios, pues sólo él tiene la respuesta a nuestra búsqueda.

La felicidad que trae valor duradero a la vida, no es la felicidad superficial que depende de las circunstancias. La felicidad y satisfacción verdaderas son aquellas que inundan el alma aun en medio de las circunstancias más aciagas y el ambiente más desagradable. Es una clase de felicidad que sonríe aun cuando todo ande mal y aun cuando derramemos lágrimas. La felicidad por la que nuestras almas suspiran es aquella que permanece imperturbable ante el éxito o el fracaso, una que se arraigará profundamente dentro de nosotros y nos traerá solaz interior, paz y satisfacción, pese a los problemas que nos amaguen en la superficie. Esa clase de felicidad se mantiene sin necesidad de alicientes exteriores.

Cerca de mi casa hay un manadero cuyo caudal jamás varía en ninguna época del año. Los chubascos pueden azotar muy de cerca, pero su torrente no aumentará. La prolongada sequía del verano puede amenazar, pero no disminuirá su crecida. Perennemente será siempre la misma. Tal es la clase de felicidad que anhelamos.

Las tres cosas que buscamos

Primero, buscamos la paz. Como hemos podido apreciar, la humanidad se consume en la búsqueda de paz, felicidad y gozo interiores.

La paz que buscamos no es simplemente una sensación indescriptible, eso que a veces se llama paz mental, que es ciega a las realidades de la vida o va y viene según nuestros humores o circunstancias. La paz que todo hombre y mujer buscan es aquella que nos libera de las ansiedades y frustraciones que proceden de los perturbadores conflictos y problemas de la vida. Es esa paz del alma que penetra todo nuestro ser, una paz que funciona a través de las pruebas y cargas de la vida.

Segundo, buscamos el sentido de la vida. El hombre se halla confundido y perplejo, preguntándose de dónde procede, por qué está aquí y hacia dónde camina. Quiere saber si hay una verdad última en el universo, esa verdad que a semejanza de la estrella polar le guíe y le dé significado.

Algunos especulan diciendo que la humanidad es un accidente en este planeta. Según esta opinión, el hombre no fue puesto aquí con un propósito, simplemente ocurrió. La filosofía existencialista declara que el hombre no tiene un propósito dado por Dios, sino que es dejado a que él establezca, si puede, su propio propósito y significado de la vida. Pero muy dentro de nosotros anhelamos por algo que sea más cierto. Aun el escéptico busca la verdad, porque el hombre, a diferencia del animal, la necesita; no la simple verdad de la física y las matemáticas, sino aquella más profunda verdad acerca de sí mismo y del porqué él está aquí.

Tercero, buscamos relacionarnos con Dios. Aunque el hombre a veces niega vehementemente la existencia de Dios, todavía busca algo que llene el vacío de su alma. Pero es un vacío que Dios puso allí y sólo él puede llenarlo.

El hombre fue creado a la imagen de Dios. Adán y Eva tuvieron al principio perfecto compañerismo con Dios, pero le volvieron las espaldas a Dios, instalando su *yo* como centro de sus vidas en vez de Dios su creador. Como consecuencia, el hombre es ahora un vagabundo solitario y perdido, alejado de Dios. Tener un conocimiento vago de su existencia no es suficiente. El hombre anhela saber que él no está solo en el universo, sino que hay un Poder Supremo guiando su destino. Desea relacionarse con su Creador, aunque no lo admita.

Las Bienaventuranzas:
La clave de Dios para la búsqueda humana

Sí, todo ser humano nacido desea vivamente encontrar la paz, el propósito de la vida y a Dios mismo. ¿Podemos encontrarlo? ¿Tiene fin nuestra búsqueda? ¿Sería satisfecha nuestra búsqueda de la felicidad? La Biblia declara rotundamente que sí. En las Bienaventuranzas Jesús nos señala el camino.

En cada una de las Bienaventuranzas Jesús usó una expresión que se puede traducir por *dichoso, bendito, feliz, bienaventurado,* etcétera. Es difícil de traducir en el castellano de hoy porque en las lenguas originales del Nuevo Testamento tenía un significado mucho más rico que el que los términos actuales suelen expresar. Quizá la palabra *bienaventurado* sea en castellano la que mejor expresa el sentido original, pues significa *dos veces feliz.* Para efectos de este libro usaremos principalmente la palabra *feliz,* que es quizá la de uso más generalizado y una de las que mejor expresan la idea de Jesús, pero sin olvidar que la bienaventuranza de la que el Señor habla se refiere a una experiencia de felicidad más amplia y profunda que la felicidad superficial que va y viene según las circunstancias. Debemos procurar que la pobreza del vocabulario no empobrezca ni pervierta la intención original.

Las primeras palabras de Jesús fueron: "Felices son. . ." Mediante estas palabras nos estaba diciendo que *hay* una respuesta a nuestra búsqueda. Podemos encontrar la paz, podemos conocer la verdad acerca de nuestras vidas, y podemos conocer a Dios. Y debido a esto podemos ser felices.

¿Es esto posible, o Jesús está sólo pronunciando palabras que suenan muy bien pero que no tienen sustancia? La respuesta la hallamos al fijarnos en Cristo mismo. Si alguien disfrutó de auténtica felicidad y bienaventuranza fue, sin duda, Jesucristo. Y esto a pesar de toda la controversia, abuso e injusticia de su muerte. El conoció el secreto de la verdadera felicidad, y en las Bienaventuranzas nos lo revela.

¿Quién era este Jesús?

Las Bienaventuranzas no son el todo de las enseñanzas de Cristo, ni siquiera el Sermón del monte. El Sermón completo se encuentra en los capítulos 5 al 7 del Evangelio de Mateo. Hay mucho más que Jesús enseñó en los tres años cortos de su ministerio público. Pero él era más que un gran maestro. ¿Quién fue este hombre, Jesús, que nunca salió de su tierra de Palestina y sin embargo cambió por completo el curso de la historia humana?

Algunos han dicho que el papel principal de Jesús fue el de reformador social. Vino a cambiar la sociedad y librar a la gente esclavizada por la injusticia y la opresión. Otros han dicho que él vino meramente como un ejemplo, para mostrarnos mediante sus actos de amor cómo deberíamos vivir. Y todavía otros le han visto como reformador religioso mal aconsejado sin relevancia para nuestra edad científica.

Ninguna de estas descripciones es adecuada para explicar al Cristo Jesús que vemos tan claramente dibujado en el Nuevo Testamento. La Biblia hace en realidad una pasmosa aseveración: Jesús era no sólo un hombre, sino Dios mismo, quien descendió de la gloria del cielo para caminar en esta tierra y mostrarnos cómo es Dios. Cristo "es la imagen del Dios invisible" (Colosenses 1:15). Más aún, él es el Salvador divinamente elegido para morir por los pecadores, llevando las transgresiones de éstos en la cruz. Murió para salvarnos a todos aquellos que habíamos desobedecido a Dios y que le calumniamos llevados por nuestra naturaleza caída. El demostró más allá de toda duda, mediante su resurrección de entre los muertos, que era el Salvador y Señor. El evangelio son las buenas noticias de parte de Dios "acerca de su Hijo, nuestro Señor Jesucristo, que era del linaje de David según la carne, que fue declarado Hijo de Dios con poder, según el Espíritu de santidad, por la resurrección de entre los muertos" (Romanos 1:3, 4).

Lo más selecto de la erudición moderna ha descubierto una vez más que aun el Sermón del monte, al igual que las Bienaventuranzas, no puede separarse del carácter de Jesús como Salvador. El Antiguo Testamento enseñó que Jesús tendría que ser manso, que convertiría el luto en alegría; que la justicia tendría que ser su comida y bebida; aun sobre la cruz, él tuvo hambre y sed de justicia.

El también era aquel que mostraría la misericordia de Dios a los que vivían separados de Dios y en necesidad. Sería, asimismo, puro y sin pecado. Sobre todo, no huiría de la persecución que sufriría, sino que traería paz; paz de Dios, paz dentro del corazón humano, paz en la tierra.

Esta es otra manera de expresar que, en realidad, Jesucristo es el perfecto ejemplo, cumplimiento y demostración de las Bienaventuranzas. Unicamente él en la historia de la humanidad, experimentó plenamente lo que enseñó acerca de la felicidad y bienaventuranza de la vida. Lo que él nos dice, nos lo dice como Salvador que nos ha redimido y como Maestro que enseña a sus seguidores. Pero más aún, él es el que nos da el poder para vivir según sus enseñanzas.

El mensaje de Cristo cuando vivió en el mundo fue revolucionario y comprensible, sus palabras eran sencillas pero a la vez profundas, capaces de sacudir a los hombres. Sus palabras provocaban un feliz acogimiento o una violenta repulsión. Los hombres ya no eran los mismos después de escucharle. Invariablemente eran mejores o peores. Los hombres se iban tras él impulsados por el amor, o bien le volvían la espalda con desprecio e indignación. Había una especie de hechizo en su evangelio que impulsaba a los hombres y mujeres hacia una actuación decisiva. El asumía aquella actitud expresada en el dicho: "El que no es conmigo, contra mí es."

Hombres rectos en un mundo trastornado

Los hombres que le seguían eran únicos en su generación. Ellos pusieron el mundo al revés porque sus corazones fueron volteados al derecho. El mundo jamás ha vuelto a ser el mismo. La historia dio un violento viraje hacia algo mejor. Los hombres comenzaron a comportarse como seres humanos. La dignidad, la nobleza y el honor, siguieron a la aurora del cristianismo. El arte, la música y la ciencia avivados por esta nueva interpretación del significado de la vida, comenzaron a progresar y a desenvolverse. El hombre por fin comenzó a asemejarse a su Creador, a cuya imagen fue creado. La sociedad comenzó a sentir el impacto de la influencia cristiana. La injusticia, la crueldad y la intolerancia fueron desalojadas por el oleaje del poder espiritual desatado por Cristo. Como F. W. Boreham dijo una vez: "El carpintero de Nazaret ha alentado a todos los artífices de los siglos." Cada movimiento social significativo en la civilización occidental, desde la abolición de la esclavitud hasta las leyes laborales de protección de menores, tiene virtualmente su origen en la influencia de Jesucristo.

Los siglos han pasado desde aquella oleada inicial de vida espiritual. La corriente del cristianismo ha seguido su curso perenne, algunas veces como marea menguante. En ocasiones la iglesia ha sido gloriosamente renovada y usada por Dios. Reavivados por el Espíritu Santo y zarandeados por la Palabra de Dios, los creyentes han continuado a lo largo de los siglos trastornando el mundo para Cristo. Otras veces, sin embargo, las corrientes pecaminosas del hombre los han contaminado y adulterado. El deísmo, el panteísmo, y más tarde el humanismo y el agresivo naturalismo han volcado sus turbias corrientes en el caudal principal del pensamiento cristiano, de manera que el mundo ha tenido dificultades en distinguir lo real de lo falso. En algunas partes del mundo los ejércitos han supuestamente peleado y matado en el nombre de Cristo, aunque mediante sus acciones han mostrado que entendían muy poco de su espíritu de amor y perdón.

Los cristianos sin duda son imperfectos y algunos que han presumido mucho de seguir a Cristo eran los que menos practicaban sus enseñanzas. Pero no consientas que estas cosas te aparten a ti o te alejen de Cristo mismo. A veces la gente me ha dicho: "Los cristianos son todos unos hipócritas y no quiero saber nada de Cristo." Pero eso es una excusa para no enfrentar la verdad que es Cristo. Por el contrario, procura entender su enseñanza y examina su vida. Si le conoces y has dedicado tu vida a él, vive para él de manera consecuente. ¿Ven los demás en ti el amor, el gozo, la paz de Cristo?

Se suponía que los verdaderos cristianos eran hombres felices. Nuestra generación está bien versada en la terminología cristiana, pero ha descuidado la práctica real de los principios y enseñanzas de Cristo. De aquí que nuestra mayor necesidad el día de hoy, no es de más cristianismo, sino de más cristianos de verdad.

El impacto de vivir como Cristo

El mundo puede disputar contra el cristianismo como institución, pero no hay argumento convincente contra un hombre, que mediante el Espíritu de Dios ha sido hecho a la semejanza de Cristo. Tal individuo será una increpación viviente contra el egoísmo, el racionalismo y el materialismo de nuestros días. Con demasiada frecuencia hemos debatido con el mundo sobre la letra de la ley, pero cuánto mejor sería que fuésemos cartas vivientes de Dios, vistas y leídas por todos los hombres.

Es ya tiempo de encaminar nuestros pasos hacia la fuente y darnos cuenta de nuevo del poder transformador de Cristo.

Jesús dijo a la mujer junto al pozo de Jacob: "Mas el que bebiere del agua que yo le daré, no tendrá sed jamás" (Juan 4:14). Esta mujer enferma por el pecado y desilusionada, es el símbolo de toda la humanidad. ¡Sus anhelos, son los nuestros! ¡El clamor de su corazón, es también el nuestro! ¡Su desilusión, es también la nuestra! ¡Su pecado, también es el nuestro! ¡Empero su Salvador, puede ser el nuestro! ¡El perdón que ella alcanzó, también puede ser nuestro! ¡Y su alegría también puede ser nuestra!

Una invitación a un viaje

Os invito a que vayáis conmigo en un viaje emocionante, en

una búsqueda atrevida. ¿Cuál será el objeto de nuestra pesquisa? El secreto de la felicidad. ¿En qué lugar? ¡Galilea! Volvamos atrás las páginas del tiempo, por unos dos mil años.

Es un día caluroso y sofocante cuando las ráfagas del viento abrasador hacen girar pequeños torbellinos de polvo, conduciéndolos ágilmente por el camino sinuoso o a lo largo del mar de Galilea. Hay un aire de expectación en la atmósfera que respiramos. El viento salta retozón y risueño por sobre la superficie del vetusto mar. Escuchamos voces que se alzan en un tono un tanto excitado y febril, en el momento que un amigo se detiene para saludar a su vecino. A lo largo de todas las veredas que parten de Galilea, grupos pequeños de gentes comienzan a juntarse. Se ha escuchado el rumor de que Jesús regresa a Galilea.

Súbitamente, él y su pequeña cuadrilla de seguidores, surgen por la cuesta de una pequeña ladera sobre el camino de Capernaum, y de inmediato, asombrados, se topan con una enorme multitud de pueblo procedente de Decápolis, Jerusalén, Judea y de la otra parte del Jordán.

Momentáneamente se extiende la noticia de boca en boca: "¡Jesús viene!" Otras multitudes de Tiberias, Betsaida y Capernaum, presurosas se presentan uniéndose a los anteriores. Agrupados todos, se disponen a seguir a los trece hombres engalanados con sus túnicas. En cuanto llegan a la cresta de la pequeña colina donde el manso viento de la llanura los abanica, aminorando los candentes rayos del sol, Jesús se detiene y les hace señas para que se sienten y descansen.

La atmósfera es tensa. Este es un momento que hay que captar y retener para toda la eternidad. La multitud enmudece tan pronto como Jesús se sube sobre una gran roca y se sienta. En el valle, sobre el camino desolado, un jinete solitario avanza sobre su camello abriéndose paso a lo largo del sendero que conduce a Tiberias. La tranquilidad se apodera de la multitud, en tanto que sus rostros observan esperanzados a Jesús. Luego él abre su boca y comienza a hablar.

Lo que él dijo allá, sobre la montaña de las Bienaventuranzas, en la distante Palestina, pasaría a la historia como el discurso más profundo y sublime que jamás se haya pronunciado. Allí, en palabras sencillas, majestuosas y rítmicas, reveló el secreto de la felicidad, no una felicidad superficial de tiempo y espacio, sino una felicidad perdurable.

Su primera palabra fue: "Felices." Presurosamente sus oyentes deben haber aguzado sus oídos, así como a veces nosotros nos disponemos a hacerlo. En las páginas siguientes, confío en el Señor, que vosotros hagáis algo más: aguzad vuestros oídos. . . abrid vuestro corazón. . . rendid vuestra voluntad. Entonces comenzaréis a vivir la vida que se escribe con V mayúscula, y a encontrar una satisfacción y una alegría que llenen el hueco y la frivolidad de la senda diaria, y a descubrir el secreto de la felicidad.

2

La Felicidad por Medio de la Pobreza

"Bienaventurados los pobres en espíritu,
porque de ellos es el reino de los cielos."

Mateo 5:3

Gracias a los medios de difusión somos hoy conscientes de la tremenda y abyecta pobreza que domina en buena parte del mundo. Hemos visto a la gente morir de hambre en Africa y a los refugiados del sudoeste asiático.

He viajado a través de más de sesenta países en el mundo y muchos de ellos se hallan hundidos sin esperanza en la pobreza. He vuelto de ciudades como Calcuta con el corazón oprimido, preguntándome si se podrá hacer algo alguna vez para aliviar sus sufrimientos.

Encontré en muchos lugares muchas Madres Teresa y, a pesar de todo, la pobreza continúa como si no se hubiera hecho nada. Nosotros enviamos nuestras contribuciones por medio de agencias dignas de confianza.

Sin embargo, debajo de tanta suciedad, hambre y pobreza, he percibido una pobreza aún mayor, la pobreza del alma.

Un dirigente francés dijo que si todo el mundo tuviera lo suficiente para comer, dinero que gastar y seguridad económica

23

desde la cuna hasta la tumba, ya no volvería a pedir más. Esa afirmación a mí me hace pensar, pues en ocasiones he visitado los lugares donde se reúnen los ricos para descansar, escapar del mal tiempo o simplemente jugar, y he descubierto que la riqueza puede ser anestesiante. Es como dijo Jesús: "Es más fácil pasar un camello por el ojo de una aguja, que entrar un rico en el reino de Dios" (Mateo 19:24). Sin duda una de las razones es que la riqueza tiende a preocupar a la persona y la insensibiliza a sus necesidades espirituales.

Con frecuencia me he preguntado, si estos bienes materiales realmente harían felices a los hombres. Pero al instante he contestado con un enfático "¡No!" Conozco muchísima gente rica que es miserable. Hay quienes tienen todas las cosas que se pueden obtener con el dinero; pero están atormentados, confusos, perplejos y acobardados. Con todo, cuántas veces he escuchado a los hombres decir: "Si solamente tuviera un poco de seguridad económica, podría ser feliz" o, "si al menos pudiese tener una buena casa, un automóvil nuevo y una residencia de invierno en Florida, estaría satisfecho."

No hay nada inherentemente malo en ser rico. He tenido a lo largo de los años el privilegio de conocer gente muy rica que eran personas humildes y generosas, que veían sus riquezas como un don de Dios para ayudar a otros. Pero la Biblia nos avisa de que las riquezas fácilmente abruman a las personas, distorsionan sus valores, las hacen orgullosas y arrogantes y las llevan a pensar que no necesitan a Dios. "Porque los que quieren enriquecerse caen en tentación y lazo, y en muchas codicias necias y dañosas, que hunden a los hombres en destrucción y perdición; porque raíz de todos los males es el amor al dinero, el cual codiciando algunos, se extraviaron de la fe, y fueron traspasados de muchos dolores" (1 Timoteo 6:9, 10). A otros las riquezas sólo les llevan al hastío. El rey Salomón fue uno de los hombres más ricos que jamás hayan vivido. En su búsqueda de la felicidad lo probó todo: posesiones, música, sexo, grandes proyectos, conocimiento; pero al final decía de estas cosas: "Miré todas las obras que se hacen debajo del sol; y he aquí, todo ello es vanidad y aflicción de espíritu" (Eclesiastés 1:14). Sólo Dios pudo satisfacer sus anhelos más profundos y darle la verdadera felicidad.

Por el otro lado, muchas grandes personas permanecen

pobres toda su vida, bien porque así lo han elegido (como es el caso de algunos misioneros o de personas que deciden vivir modestamente y dar su dinero para ayudar a otros) o a causa de circunstancias inevitables. Hay otros, sin embargo, que caminan por la vida llenos de resentimiento, celos y amargura porque quieren "sólo un poquito más". Quizá tienen lo suficiente para satisfacer sus legítimas necesidades, pero en vez de vivir con gratitud por lo que tienen, que los hace inimaginablemente ricos a los ojos de aquellos que viven en naciones pobres, se consumen interiormente por el deseo de las riquezas. Creen que el secreto de la felicidad está en la posesión de mayores riquezas.

Sin embargo, Jesús expresó claramente, que la felicidad y la satisfacción no se logran por ese camino. El afirmó que el bienestar económico y las riquezas en sí, no pueden traer felicidad y satisfacción al alma.

Feliz es la persona que ha aprendido el secreto de estar contenta con todo lo que la vida le traiga y ha aprendido a regocijarse en las cosas simples y bellas que le rodean.

En la introducción a su *Antología* sobre George MacDonald, C. S. Lewis dice de MacDonald: "Su aceptación de la pobreza era el polo opuesto de la actitud de los estoicos. Parece haber sido un hombre risueño y feliz, que realmente apreciaba todas las cosas bellas y deliciosas que el dinero puede comprar, pero no menos contento de vivir sin ellas." En *Annals of a Quiet Neighborhood* (Anales de un vecindario tranquilo), MacDonald dice acerca de sí mismo: "Permitidme, si puede ser, recibir siempre la bienvenida en mi cuarto en invierno por una hoguera encendida, y en verano por un centro de flores; pero si no puede ser, dejadme que piense en lo lindo que hubiera sido, y meterme de lleno en mi trabajo. No creo que el camino al contentamiento esté en menospreciar lo que no hemos conseguido. Reconozcamos todo lo bueno y delicioso que el mundo tiene, y vivamos contentos sin ello."

Un día inolvidable

En aquellos días, hace casi dos mil años, había sin duda muchos en la gran multitud que creían, como hoy se cree, que la llave de la felicidad se encuentra en la riqueza y las posesiones. Cuando se congregaban para escuchar a Jesús, se preguntarían si realmente sus palabras les servirían de algo en su búsqueda de la felicidad, como quizá tú te estés preguntando. Pronto se hizo claro para ellos que su mensaje era diferente, porque él señalaba otro camino a la felicidad, el camino de Dios. Era un mensaje que se aplicaba a cada persona.

El Sermón de la montaña fue entregado a dos grupos diferentes: a la *multitud* y a los *discípulos de Cristo*. Podemos suponer, por lo tanto, que contiene significado y sentido, tanto para los discípulos como para la multitud. De otra manera Jesús no lo hubiera dirigido a ambos.

En él, los discípulos vislumbraron la imponderable Tierra Prometida espiritual, en la que tendrían que vivir como discípulos de Cristo. Y les fue revelado también el sublime plano moral en que tendrían que permanecer, dándoles a entender que el ser cristianos no es un mero juego de niños.

Por lo que toca a la multitud, fue un descubrimiento de lo que realmente significa ser un seguidor de Cristo. Hasta aquella hora, Jesús sólo había sido para ellos un obrador de milagros, seductor y fascinante. Su persona era atractiva, su porte simpático, su voz persuasiva y su ser entero le caracterizaba como un hombre de extraordinario poder. El fue maestro, rabino, polemista formidable, médico compasivo y también el más apacible y austero de los hombres. Jamás se había escuchado a uno como él.

A estas gentes, cuya vida era monótona y fastidiosa en aquella tierra hosca y distante, les fascinaba el galileo. Y pasar un día acompañándolo por las aldeas donde sanaba a los enfermos, bendecía a los niños y hablaba sobre el reino de Dios, era una experiencia inolvidable.

Pero en este día tan singular, muchos de los que le seguían, habrían de decepcionarse. La religión para ellos consistía en supersticiones y ceremonias carentes de significado. Poco se les ocurría pensar que entre la vida y la religión existían afinidades. Habían abandonado la idea de ser felices y si alguna vez supieron el significado de la palabra feliz ya lo habían olvidado.

Mas Jesús tendría que introducir de nuevo las palabras "felices" y "bienaventurados" en sus vocabularios, y todavía más, las grabaría sobre sus corazones y sobre sus vidas. Como Henry van Dyke lo expresó en su hermoso himno: "Jubilosos te adoramos."

Cuando Jesús abrió su boca, la primera palabra que brotó

de sus labios, fue: "Felices." Este vocablo significa bienaventurados, contentos o muy favorecidos. ¿Felices? ¿Podría haber palabra más incongruente que ésta? Los que le escuchaban en aquel día, estaban lejos de ser bienaventurados o felices. Víctimas del Imperio Romano, fueron conquistados, vencidos y subyugados. Pobres, abatidos, harapientos, hipotecados a un gobierno extranjero, sus vidas carecían de toda esperanza e ilusión.

¿Felices? ¿Cómo podían esas vidas miserables ser altamente favorecidas, bienaventuradas o satisfechas?

La naturaleza de la pobreza

Velozmente, tras la primera palabra, siguieron las restantes: "Bienaventurados los pobres en espíritu." Si Jesús hubiese omitido las dos últimas palabras, todos se hubieran regocijado, porque todos eran pobres. Mas Jesús dijo: "los pobres en espíritu".

Sorprendidos, siguieron escuchando. Velado tras estas misteriosas palabras, se encontraba el primer secreto básico de la felicidad. De buenas a primeras, esto nos suena contradictorio. Estamos acostumbrados a pensar en la gente pobre, como gente desvalida. No obstante, Jesús enseña que la felicidad se puede encontrar a pesar de la pobreza.

¿En qué clase de pobreza pensaba Jesús? ¿Sería acaso aquella que priva a muchos seres de lo más necesario para la vida? ¡No! Ciertamente estaba incluida, pero Jesús estaba hablando de todo tipo de persona: rica o pobre, sana o enferma, culta o inculta, joven o anciana. Dios está interesado en cada persona de este planeta y las palabras de Cristo fueron dirigidas a toda criatura en cualquier circunstancia y generación. Están dirigidas a ti y a mí.

El verdadero significado de la pobreza espiritual

¿Qué quería decir Jesús con ser "pobres en espíritu"? Tiene al menos cuatro dimensiones esta cuestión crucial.

En primer lugar: si hemos de ser pobres en espíritu, *tenemos que estar conscientes de la pobreza espiritual.*

Nadie puede conmover tanto como aquel que se encuentra en gran necesidad y no lo reconoce. ¿Recordáis a Sansón? De pie, allá en el valle de Sorec, y rodeado por los príncipes de los filisteos. . . sin saber que el Señor Jehová ya se había apartado de él. (Jueces 16:20.)

Lo lamentable acerca de los fariseos, no era tanto su hipocresía sino su absoluta falta de conocimiento de cuán pobres eran en realidad ante Dios.

Jesús relató una dramática historia de un hombre que tenía ideas erróneas sobre la pobreza y la abundancia. Este individuo satisfecho de sí mismo, hablaba consigo mismo una noche: "Alma, muchos bienes tienes guardados para muchos años; repósate, come, bebe, regocíjate" (Lucas 12:19).

Jamás se le había ocurrido que el alma no puede subsistir de víveres y que el corazón no se puede alimentar de vino y comida. Por su necedad y por haber dado exagerada importancia a las cosas materiales, Dios le dijo: "Necio" (Lucas 12:20). Y a todos aquellos que en cualquier época se inclinan a llegar a conclusiones falsas como aquél, Dios les dice: "Así es el que hace para sí tesoro, y no es rico para con Dios" (Lucas 12:21).

Todos tenemos un cuerpo con ojos, oídos, nariz, manos y pies. Este cuerpo tiene deseos y apetitos naturales: como el comer y el beber; el apetito sexual y el deseo de sociabilidad. Todo esto nos ha sido dado por Dios para ser usado como él lo proyectó. Al mismo tiempo, pueden ser distorsionados y mal usados, trayendo dolor y ruina a nuestras vidas.

Empero, la Biblia nos enseña que somos algo más que un cuerpo —¡somos realmente una alma viviente! Nuestra alma fue creada a la imagen de Dios. Así como nuestro cuerpo tiene ciertas características y apetitos, también nuestra alma los tiene. Las cualidades del alma son: personalidad, inteligencia, conciencia y memoria. Nuestra alma ansía la paz, la satisfacción y la felicidad. Sobre todo, el alma tiene el deseo de Dios, el anhelo de estar reconciliada con su Creador y tener compañerismo para siempre con él.

En el mundo en que vivimos, mostramos más solicitud en satisfacer los apetitos del cuerpo que las necesidades del alma. En consecuencia, somos unilaterales. En lo físico y material, nos tonificamos y engordamos, mientras que en lo espiritual estamos endebles, raquíticos y enclenques. Gastamos grandes cantidades de tiempo y dinero en las dietas de moda, en máquinas caras para hacer ejercicio y en clubes de salud. En muchos casos estas cosas sólo demuestran la preocupación de estas personas por el lado físico de la vida. No nos equivoquemos, nuestros cuerpos son un don de Dios y debemos cuidarlos en todo lo posible, pero es mucho más importante tener cuidado de nuestras almas. El apóstol Pablo dijo a Timoteo: "Ejercítate para la piedad; porque el ejercicio corporal para poco es provechoso, pero la piedad para todo aprovecha, pues tiene promesa de esta vida presente, y de la venidera" (1 Timoteo 4:7, 8).

El alma, creada a la imagen de Dios, no podrá encontrar plena satisfacción hasta que conozca a Dios en forma apropiada. Solamente Dios puede saciar las más profundas aspiraciones, deseos y apetitos del alma.

Podéis tener la seducción de una estrella de cine o las riquezas de un millonario tejano y con todo, no disfrutar de felicidad, paz y satisfacción. ¿Por qué? Sencillamente porque habéis dado la atención al cuerpo, descuidando el alma.

El alma realmente requiere tanto cuidado como el cuerpo. Ella exige compañerismo y comunicación con Dios. Pide también adoración, quietud y meditación. A menos que el alma se alimente y ejercite diariamente, tendrá que decaer y extenuarse quedando insatisfecha, confusa e inquieta.

Muchas personas se entregan al vicio del alcohol o de las drogas, tratando de sofocar por este medio, las ansias y anhelos del alma. Algunos se abandonan a una nueva experiencia sexual; en tanto que otros intentan sosegar las ambiciones de sus almas a como dé lugar. Pero nadie sino sólo Dios satisface completamente, porque el alma fue hecha para Dios, y sin él, estará inquieta y en un sufrimiento latente.

La primera etapa

El primer paso hacia Dios es darnos cuenta de nuestra pobreza espiritual. Los pobres en espíritu no valúan la virtud de la vida por posesiones terrenales que se esfuman, sino en términos de realidades eternas que perduran para siempre. Sabio es aquel que manifiestamente confiese su carencia de bienes espirituales y en humildad de corazón clama: "Dios, ten misericordia de mí, que soy pecador."

En la economía de Dios, el vaciar es antes del llenar; la confesión precede al perdón, y la escasez a la copiosidad. Cristo afirmó que hay bienestar en ese reconocimiento de indigencia espiritual ya que permite a Dios penetrar a nuestras almas.

Además, la Biblia enseña que nuestras almas están enfermas. Tal mal es peor que el temible cáncer, o las enfermedades del corazón, y origina también las desgracias, confusiones y calamidades en vuestra propia vida. Para clasificar esta enfermedad hay una palabra repugnante que no nos agrada pronunciar y que, sin embargo, es un vocablo que los psiquiatras comienzan a introducir de nuevo en su vocabulario. También nosotros en nuestro deseo de seguir la moda, casi la habíamos olvidado; pero he aquí nuevamente reconocemos que de ella emanan todos los males del hombre. Esta palabra es *pecado*.

Hemos pecado contra nuestro Creador. Dios es un ser santo, justo y recto. El no puede permitir que el pecado entre a su presencia y consecuentemente el pecado se ha interpuesto entre Dios y el hombre.

Ahora bien, es necesario confesar que hemos violado sus leyes, pero al mismo tiempo estamos dispuestos a renunciar a nuestros pecados y a reconocer que sin su compañerismo y su favor, la vida es vana y miserable. Tal cosa no es fácil; todos tenemos orgullo que se puede manifestar en diferentes formas. Nunca nos agrada confesar que estamos en un error o que hemos faltado. Mas Dios afirma: "Todos pecaron, y están destituidos de la gloria de Dios" (Romanos 3:23). Se hace imperativo el confesar nuestro pecado como primer paso a la felicidad, la paz y la satisfacción.

Esta generación, alentada por las muchas filosofías baratas, se ha esforzado en vano por vivir abstraída de Dios. El actual resurgimiento de la religión en el mundo, es una confesión global de que el humanismo ha fracasado. Y como los antiguos laodicences, hemos exclamado: "Yo soy rico, y me he enriquecido, y de ninguna cosa tengo necesidad" (Ap. 3:17). Mas hemos descubierto que nuestras riquezas, a la par de nuestras bellezas, son tan sólo del grueso de la piel, y por ende, insuficientes para satisfacer a nuestras almas imperecederas.

Reconozcamos este hecho: Venimos al mundo sin nada y habremos de abandonarlo sin nada.

¿Cómo pudimos imaginar que nuestro concepto del éxito y el de Dios, son los mismos? Quizá hayáis escrito un libro; o quizá seáis un gerente o promotor habilidoso; quizá seáis un artista de gran talento o quizá una persona acaudalada; quizá hayáis adquirido fama y fortuna. Pero decidme: sin las dotes de la inteligencia, la imaginación, la personalidad y la energía física —que nos vienen del Creador— ¿qué es lo que poseeríais?

¿Que no sabéis que nacemos pobres y también morimos pobres? ¿Y no veis que seríamos aún más pobres sin la infinita misericordia y el amor de Dios? Salimos de la nada; y si acaso somos algo, lo somos porque Dios lo es todo. Si él retirase su poder de nosotros por un breve instante y si restringiese el aliento de vida por un brevísimo instante, nuestra existencia física se reduciría a la nada y nuestras almas serían lanzadas al piélago de la eternidad.

Los pobres en espíritu reconocen su condición de criaturas y su pecaminosidad, y no sólo eso, están dispuestos también a confesar sus pecados y a abandonarlos.

La cura para nuestra enfermedad espiritual

Hemos visto que la primera dimensión de "pobres en espíritu" es darnos cuenta de nuestra pobreza espiritual. Pero, ¿puede ser superada esta pobreza? ¡Sí! Esto nos lleva a la segunda dimensión de lo que Jesús quiso decir por "pobres en espíritu".

En segundo lugar: Si tenemos que ser pobres en espíritu, necesariamente *debemos recibir los tesoros que Cristo ha habilitado mediante su muerte y resurrección.*

¿No sería asombroso que el hombre pudiera encontrar una sustancia curativa, eficaz para todos los males de la naturaleza humana? Suponed que aplicásemos una inyección al brazo de todo humano para llenar sus venas con amor en vez de odio, o contentamiento en vez de voracidad. Ello traería la solución inmediata de todos los problemas que aquejan a la humanidad en el momento presente.

Hace muchos años, dos americanos que cruzaban el Atlántico, un domingo por la noche, se pusieron a cantar el himno "Jesús, amante de mi alma". Pronto se les unió otra persona que tenía una linda voz de tenor. Cuando terminaron de cantar, uno de los americanos se volvió hacia el recién llegado y le preguntó si había estado en la Guerra Civil. El hombre replicó que había servido como soldado confederado. Seguidamente le preguntaron si había estado en cierto lugar en determinada fecha y el hombre respondió que sí. Y agregó que algo curioso le ocurrió aquella noche que el himno le estaba haciendo recordar. "Estaba de centinela al borde del bosque. Era una noche oscura y fría. Tenía temor porque se suponía que el enemigo se hallaba cerca. Extrañaba mi hogar y me sentía miserable. Sobre la medianoche, cuando todo estaba callado, empecé a sentirme tan mal que pensé que podía confortarme cantando un himno, y fue este el que recordaba: 'Toda mi confianza está puesta en ti, toda mi ayuda proviene de ti. Cubre mi indefenso ser con la sombra de tus alas.' Después de cantar aquellas estrofas, una extraña paz me inundó y no volví a sentir temor en toda la noche."

"Muy bien", dijo uno de los hombres, "escucha ahora mi parte de la historia. Yo era un soldado de la Unión y me hallaba escondido aquella noche en el bosque con mis hombres. Te vimos de vigilante a la entrada del bosque y mis hombres apuntaron sus rifles a tu cuerpo, de pronto empezamos a oírte cantar y prestamos atención. No pudimos disparar, bajamos las armas y nos fuimos."

Nuestros rotativos diariamente informan del malcontento y desventura que impera en todo el orbe como resultado de la codicia, ambición, apetitos desordenados, prejuicios y mezquindades. Si los hombres pudieran estar contentos donde se encuentran; si pudieran amar a su prójimo prescindiendo del color de la piel o la configuración de la nariz; si los que "tienen" se compadecieran de "los que no tienen", si los avaros renunciaran a sus egoístas ambiciones de poder, ¿no creéis que este mundo sería del todo diferente?

Imaginad también que se encontrase un medicamento para las equivocaciones, fracasos y pecados pasados de la humanidad. Figurad que mediante un portento se pudiera enderezar todo el pasado, desenredar todas las marañas y reparar todas las cuerdas rotas de la vida. ¿No pensáis que tal panacea podría causar un revuelo en el orbe?

He aquí la noticia más conmovedora en toda la creación: ¡Existe el elixir curativo! y el medicamento se nos ha suministrado. El hombre puede alcanzar el perdón de todos sus pecados. Todo el hollín de su vida se puede limpiar.

El pecado, la confusión y la desilusión de la vida pueden ser substituidos por la justicia, el júbilo, la dulzura y la felicidad. Existe una paz que puede ser impartida al alma y que no depende de circunstancias exteriores. Tal medicina fue surtida por Jesucristo hace veinte siglos en la cruz del Calvario.

La muerte de Cristo en aquel madero, no fue un mero accidente, sino un acto deliberado de un Dios amoroso, para reconciliar a los hombres hacia él. El pecado se interpuso entre el hombre y Dios, y aquél no podía estar feliz y satisfecho apartado del Creador; por lo tanto, en gracia amorosa, Dios envió a su Hijo para que llevase nuestros pecados y recibiese el castigo de condenación que nosotros merecíamos.

Sin embargo, Dios pide algo de nuestra parte. Tenemos que confesar nuestra pobreza espiritual, renunciar a los pecados y volvernos por la fe a su Hijo Jesucristo. Cuando lo hacemos, nacemos de nuevo y él nos da otra naturaleza, colocando dentro del alma un pedacito del cielo. La vida cambiará luego. La satisfacción, la paz y la dicha, por vez primera franquearán el umbral de nuestra existencia.

En mis viajes por el mundo, he querido toparme con hombres dichosos y satisfechos, y los he encontrado únicamente donde Cristo ha sido aceptado de manera personal decisiva. Hay sólo un derrotero permanente que conduce hacia la paz del alma y que termina en regocijo y júbilo. Este se logra mediante el arrepentimiento del pecado y una fe personal en Jesucristo como Salvador.

¿Habéis llegado a ese momento en la vida? ¿Habéis pasado por la experiencia de recibir a Jesucristo? Esta no es simplemente una experiencia emocional; es una sencilla capitulación de la voluntad a la de Cristo. ¿Queréis en verdad la bienaventuranza? Si así es, tendréis que pagar el precio humillados al pie de la cruz y aceptando a Cristo como Salvador.

Nuestra dependencia de Dios

Debemos ser conscientes de nuestra pobreza espiritual, debemos volvernos a Cristo arrepentidos y recibir por la fe sus riquezas, pero todavía hay más si es que queremos abarcar el verdadero significado de ser "pobres en espíritu".

En tercer lugar, si vamos a ser pobres en espíritu, *tenemos que estar conscientes de que dependemos de Dios, de nuestra bancarrota espiritual.*

Jesús habló de volvernos como niños antes de poder entrar en el reino de los cielos. Los niños dependen de sus padres. Es decir, ellos dependen de sus padres para que éstos los protejan y cuiden. A causa de esta relación y posición, los pequeños no son pobres; mas, si no fuera por su parentesco de antemano establecido con sus padres, ellos serían pobres en verdad.

Cuando vamos a Cristo, algo maravilloso nos sucede inmediatamente: ¡Somos hechos hijos de Dios! Llegamos a ser parte de la familia de Dios. "Mas a todos los que le recibieron, a los que creen en su nombre, les dio potestad de ser hechos hijos de Dios; los cuales no son engendrados de sangre, ni de voluntad de varón, sino de Dios" (Juan 1:12, 13). La Biblia usa la idea de la "adopción" para ilustrar este gran hecho. En un tiempo estuvimos alejados de Dios, sin derechos ni privilegios, pero fuimos adoptados hijos de Dios por medio de Jesucristo (Efesios 1:5, 6). "Pues todos sois hijos de Dios por la fe en Cristo Jesús" (Gálatas 3:26).

Como hijos de Dios, dependemos de él. La Biblia dice: "Como el padre se compadece de los hijos, se compadece Jehová de los que le temen" (Salmo 103:13).

Los niños manutenidos tienen pleno derecho, ya que en todo serán abastecidos por sus padres.

Jesús dijo: "No os afanéis, pues, diciendo: ¿Qué comeremos, o qué beberemos, o qué vestiremos? . . . Mas buscad primeramente el reino de Dios . . . y todas estas cosas os serán añadidas" (Mateo 6:31, 33).

Puesto que Dios es responsable de nuestro bienestar, se nos aconseja que echemos toda nuestra solicitud sobre él (1 Pedro 5:7). Porque él tiene cuidado de nosotros, y porque dependemos de Dios, Jesús dijo: "No se turbe vuestro corazón" (Juan 14:1). Dios nos dice: "Yo me encargo de la preocupación, no penséis más en ella, dejádmela a mí."

Los niños manutenidos no son tardos ni perezosos en pedir favores. No actuarían como seres normales si no manifestaran sus necesidades libremente delante de sus padres.

Dios ha dicho a sus hijos que dependen de él: "Acerquémonos, pues, confiadamente al trono de la gracia, para alcanzar misericordia y hallar gracia en el oportuno socorro" (Hebreos 4:16). Dios conoce que dependemos de él en cuanto a las necesidades de la vida; por esta razón, él dijo: "Pedid, y se os dará; buscad, y hallaréis; llamad, y se os abrirá" (Mateo 7:7).

¿Qué es lo que te preocupa hoy? ¿Te sientes cargado en tu

corazón por alguna dificultad que amenaza vencerte? ¿Estás lleno de ansiedad e inquietud por algún problema que no sabes cómo va a terminar? Escucha: Como el hijo de Dios que eres por medio de la fe en Cristo, tú puedes llevar tus cargas a Cristo, a sabiendas de que él te ama y es capaz de ayudarte. Unas veces te quitará el problema y en otras te dará las fuerzas para sobrellevarlo. Pero puedes descansar en él. "Por nada estéis afanosos, sino sean conocidas vuestras peticiones delante de Dios en toda oración y ruego, con acción de gracias. Y la paz de Dios, que sobrepasa todo entendimiento, guardará vuestros corazones y vuestros pensamientos en Cristo Jesús" (Filipenses 4:6, 7).

Venturoso aquel que ha aprendido el secreto de allegarse a Dios en oración día a día. Quince minutos a solas con Dios cada mañana antes de comenzar las tareas del día, pueden cambiar nuestra perspectiva de las cosas y recargar nuestras baterías.

Empero, toda esta dicha y todos estos privilegios ilimitados que destilan de la despensa del cielo, nos son viables por medio de nuestra relación con Dios. Una absoluta dependencia y total sumisión son las condiciones para llegar a ser sus hijos. Solamente sus hijos tienen derecho a recibir los bienes que brindan la felicidad; y para ser sus hijos, debemos someter nuestra voluntad a la suya.

Tenemos que admitir que somos pobres para poder ser dotados de riquezas. Tenemos que admitir que estamos desamparados antes de llegar a ser hijos por adopción.

Cuando reconozcamos que toda nuestra bondad y magnanimidad son harapos sucios delante de Dios y nos demos cuenta del poder destructor de nuestras tercas voluntades y cuando por fin reconozcamos nuestra absoluta dependencia de la gracia de Dios por la fe y nada más, entonces habremos principiado a transitar por el camino de la felicidad.

El hombre no llega a conocer a Dios por medio de las obras; lo llega a conocer por la fe, mediante la gracia. No podréis por las obras llegar a la bienaventuranza ni al cielo, tampoco podréis alcanzarlo mediante la observancia de una buena ética, o corrigiendo vuestra vida, ni tampoco por dinero. La bienaventuranza es un don de Dios en Cristo.

Sirviendo a Cristo

Como hijos de Dios no estamos para simplemente sentarnos

y gozar egoístamente de nuestros privilegios. Por el contrario, Dios quiere que le sirvamos a él y ayudemos a otros. Pero antes de que podamos hacerlo algo debe ocurrir en nuestros corazones si verdaderamente hemos de conocer el significado de las palabras de Jesús: "Bienaventurados los pobres en espíritu."

En cuarto lugar: Si vamos a ser pobres en espíritu, *necesariamente tenemos que negarnos a nosotros mismos para que podamos servir mejor a Cristo.*

Los pobres en espíritu son los que están dispuestos a hacer un remate de lo que tengan almacenado dentro de sí, para actuar como Jesús dijo: "Niéguese a sí mismo, y tome su cruz, y sígame" (Mateo 16:24).

Nuestra moderna filosofía, basada en la confianza y suficiencia propias, ha hecho creer a muchos que el hombre puede alcanzar buenas calificaciones sin necesidad de Dios. "La religión", alegan algunos, "puede ser buena para ciertos tipos emotivos, pero es inútil para quien tiene confianza en sí mismo." Por ejemplo, Sigmund Freud, el neurólogo austriaco y fundador del psicoanálisis, dijo que la religión era la neurosis obsesiva universal.

Sin embargo, esta generación jactanciosa ha producido más alcohólicos, más drogadictos, más criminales, más guerras, más hogares naufragados, más atracos, más desfalcos, más asesinatos y más suicidios, que cualquier otra. Es tiempo ya de que todos nosotros, comenzando con los intelectuales y siguiendo con otros, hagamos un recuento de nuestros fracasos, desatinos y errores costosos. Es ya tiempo de que dejemos de confiar demasiado en nosotros y comencemos a confiar más en Dios.

El joven rico que se acercó a Jesús, estaba tan intoxicado de su piedad, de sus riquezas y su voracidad, que se sublevó cuando Jesús le hizo saber que el precio a pagar por la vida eterna era "vender todo" y venir en pos de él. La Biblia dice que el joven partió entristecido, porque no pudo desprenderse de sí mismo. Le fue imposible ser "pobre en espíritu" porque estimaba en grado superlativo su propia persona.

En derredor nuestro abundan la soberbia, el orgullo y el egoísmo; y todo como resultado del pecado, pero desde los cielos se escucha una voz dirigida a este mundo en ruina y atormentado: "Yo te aconsejo que de mí compres oro refinado en fuego, para que seas rico, y vestiduras blancas para vestirte, y que no se descubra la vergüenza de tu desnudez; y unge tus ojos con colirio, para que veas . . . He aquí, yo estoy a la puerta y llamo: si alguno oye mi voz y abre la puerta, entraré a él, y cenaré con él, y él conmigo" (Apocalipsis 3:18-20).

El cielo en esta vida y en la venidera no se consigue mediante transacciones comerciales. La carne y la sangre no franquearán las puertas del reino de los cielos, ni gozarán de toda su dicha, paz, alegría y felicidad. Solamente los que son pobres en espíritu y ricos para con Dios, serán tenidos por dignos de entrar allá, porque no ingresarán mediante sus propios méritos, sino por la justicia del Redentor.

Alguien ha dicho: "La riqueza de un hombre consiste no en la abundancia de sus posesiones, sino en la escasez de sus deseos." "El primer eslabón entre mi alma y Cristo", dijo C. H. Spurgeon, "no es mi bondad sino mi maldad, no mis méritos sino mi miseria, no mis riquezas sino mi necesidad."

"Bienaventurados los pobres en espíritu; porque de ellos es el reino de los cielos."

3

La Felicidad del Llanto

"Bienaventurados los que lloran,
porque ellos recibirán consolación."

Mateo 5:4

Llega un momento en nuestras vidas cuando las bien intencionadas y sinceras expresiones de aliento: ¡Animo, valor!, son inútiles para levantarnos de nuestro abatimiento. Puesto que nuestras necesidades van más allá de lo meramente psicológico, tales insinuaciones parecen agudizar más nuestro sentido de postración.

La verdad es que nosotros, a pesar de nuestro ingenio, osadía y artimañas, somos desvalidos sin la ayuda de Dios.

El mensaje de Cristo fue presentado a un grupo específico, al "pobre", pobre en espíritu. Cristo dijo: "El Espíritu del Señor está sobre mí, por cuanto me ha ungido para dar buenas nuevas a los pobres" (Lucas 4:18). Esto no significa que el mensaje del Maestro fue legado únicamente a los pobres económicamente, o a los socialmente pobres, o a los pobres de cerebro. Se da por sentado que fue dirigido a los que son sabedores y se percatan de su indigencia espiritual. He aquí la primera bienaventuranza, y la nota dominante sobre la cual se compuso esta obertura celestial. Pablo escribió acerca de los cristianos macedonios: " . . . en grande prueba de tribulación, la abundancia de su gozo y su profunda pobreza abundaron en riquezas de su generosidad" (2 Corintios 8:2).

Si hemos de encontrar la felicidad genuina, tenemos que comenzar donde Jesús principió. Si hemos de vivir la vida beatificada, tenemos que vivir de acuerdo con las Bienaventuranzas.

La segunda bienaventuranza, "Bienaventurados los que lloran", a primera vista se nos hace paradójica. ¿Será posible que la alegría y el llanto caminen de la mano? ¿Es posible que uno sea feliz cuando se encuentra en la agonía del llanto? ¿Puede uno extraer el perfume de la dicha de la hiel del infortunio?

Pues bien, ¡tened confianza! Hay aquí una insinuación velada y profunda, recordad que Jesús hablaba a los hombres de todas las creencias y de todas las edades, para revelarles el secreto de la felicidad.

La superficialidad de nuestras vidas

La época presente no es precisamente un tiempo de lamentación. Por el contrario, la gente deliberadamente huye de todo lo que sea desagradable, determinados a llenar sus vidas con todas aquellas cosas que distraigan sus mentes de cualquier cosa seria. En su preocupación por la diversión y el placer momentáneos, la gente se conforma con sustitutos de la realidad superficiales y vacíos. Millones dedican más atención a averiguar qué programa de televisión verán por la noche o qué videocassette alquilarán para el fin de semana, que a las cosas de la eternidad.

Este siglo, bien puede pasar a la historia, no como un siglo de progreso, sino como "el siglo de la superficialidad". La exclamación popular: "Qué importa", describe con fidelidad la actitud que muchos asumen ante la vida. Piensan que mientras tengamos flamantes automóviles para pasear y holgar, televisión y cines para divertirnos, lujosas residencias en qué vivir y un millón de artefactos para nuestra comodidad, lo que pase a nuestras almas no es asunto de monta. "¡Qué importa!, reíd, y el mundo reirá con vosotros; llorad, y tendréis que llorar a solas." Los apóstoles de la alegría, se pondrán sus festivas máscaras, sintonizarán su aparato de televisión, o darán todo el volumen al acelerador de sus convertibles, para enfrascarse en ese vivir superficial.

Pero esa manera superficial de vivir nunca les ayudará a enfrentar las presiones y problemas de la vida. Al final del Sermón del monte Jesús nos cuenta la historia de dos hombres. Uno decidió edificar su casa sobre la arena: al fin y al cabo resultaba bastante más fácil. El otro lo hizo sobre la roca, aunque esto significó mayor esfuerzo. Exteriormente ambas casas parecían iguales. Pero cuando el viento sopló y el río se desbordó la casa edificada sobre la arena quedó destruida; sólo aquella casa edificada sobre la roca resistió. "Cualquiera, pues, que me oye estas palabras, y las hace, le compararé a un hombre prudente, que edificó su casa sobre la roca" (Mateo 7:24). Sólo cuando nuestras vidas están bien cimentadas en la verdad eterna de la Palabra de Dios podemos resistir las tormentas de la vida. Una vida superficial que se olvida de Dios jamás puede proporcionarnos cimientos firmes para la verdadera felicidad.

El siguiente comentario apareció en el *The London Times*: "La gracia de la perseverancia final es aquella cualidad de la paciencia que es siempre igual a la presión del momento que pasa, porque está enraizada en lo eterno sobre lo cual no tiene poder lo fugaz."

Beverly Sills, la ex estrella de ópera y actualmente productora, aprendió algunas lecciones en la adversidad. Su primera hija nació totalmente sorda. La niña no podrá oír jamás la maravillosa voz de su madre. Su segundo hijo nació mentalmente retardado.

Tan grande era su dolor que la señora Sills dejó por un año su exigente profesión a fin de dedicar tiempo a sus hijos y hacerse cargo de aquellas difíciles circunstancias. Cuando más tarde alguien le preguntó cómo había enfrentado la situación, respondió: "La primera pregunta que uno se hace es, ¿por qué a mí? Después nos preguntamos, ¿por qué a ellos? Esto hace que cambie totalmente su actitud." Su actitud es lo opuesto de la superficialidad.

Ahora bien, yo no estoy acometiendo contra los fanáticos de la televisión en particular u otra clase de fanáticos; pero sí sostengo firmemente que la vida no es tan superficial como algunos la toman. ¡Fijaos en nuestros cómicos populares! Bajo la máscara de las boberías y pretendidas sonrisas, se encuentran los surcos de la seriedad y circunspección. Y aunque su trabajo consiste en hacer reír, ellos saben bien que la vida es un asunto serio y solemne.

A una amiga íntima nuestra le informaron recientemente que tenía cáncer. "Es sorprendente", nos decía, "cómo un día puede transcurrir todo suavemente y al siguiente una pequeña palabra dicha por el médico, 'cáncer', lo cambia radicalmente todo. Entonces te das cuenta, como antes jamás lo hiciste, que la vida es algo serio y que la eternidad está sólo a un latido del corazón. De repente muchas cosas que hoy te parecían tan importantes al día siguiente ya no lo son."

Jesús no quiso decir: "Bienaventurados los adustos o menguados o malhumorados." Los fariseos habían hecho de la religión una mojiganga, frotándose la cara con ceniza para aparecer religiosos, pero Jesús los reprendió duramente diciendo: "No seáis austeros, como los hipócritas" (Mateo 6:16).

¿Quién fue aquel que dijo: "La religión de algunos es como un individuo con dolor de cabeza, que no le conviene perder la cabeza, pero le duele conservarla"?

El significado de llorar

¿Qué significó Jesús cuando exclamó: "Bienaventurados los que lloran"? Seguramente que él no quiso insinuar o prometer una bendición especial a "niños que lloran mucho", o las "hermanitas que gimotean", o a los que padecen trastornos emocionales. Este versículo no tuvo por objeto servir de consuelo a los psicopáticos anormales, en los que de algún modo la mente se ha deformado; por el contrario, fue dirigido a personas de promedio normal, con el propósito de enseñarles cómo vivir una vida más feliz y más completa.

Comencemos con la palabra *llorar*. Significa "sentir dolor profundo, demostrar una grande preocupación o deplorar algún mal existente". Implica, además, que si hemos de vivir la vida en el plano superior, tenemos que ser compasivos, impresionables, tiernos y sensibles a las necesidades de otros y del mundo.

Quizá podemos ver más claramente su significado pensando en lo opuesto. ¿Qué es lo opuesto de llorar? Alguien dirá que es el gozo, y es correcto hasta cierto punto. Pero es más que eso, *lo opuesto de llorar es la insensibilidad, la falta de preocupación y de interés por otros, la callosidad, la indiferencia.* Cuando lloro es porque mi corazón ha sido tocado por el sufrimiento y el dolor de otros, o inclusive por mi propio dolor. Cuando soy indiferente y no me preocupo de nada, entonces no lloro. La persona que llora lo hace porque tiene un corazón tierno y sensible.

Clases de llanto

Hay seis clases de llanto, que en mi opinión se sobrentienden en estas significativas palabras de nuestro Señor. La palabra aquí utilizada por Jesús, abarca tan amplia esfera de actitudes, que solamente consideraremos seis características de las aquí implícitas. Reflexionemos en cada una de ellas con oración:

Tenemos primeramente, *el llanto de la insuficiencia*. Jeremías, el profeta llorón que se afligió no por sí, sino por un mundo descarriado y perdido, dijo: "Conozco, oh Jehová, que el hombre no es señor de su camino, ni del hombre que camina es el ordenar sus pasos" (Jeremías 10:23).

Pues bien, antes de que pueda llegar a ser fuerte, tendré que aceptar que soy endeble; antes de que pueda alcanzar la sabiduría, tendré que darme cuenta de que soy tonto; antes que reciba poder, tendré primero que confesar que soy débil. Tendré que lamentar mis pecados antes de que pueda regocijarme en un Salvador. El llanto, en el orden de sucesos divinos, siempre precede a la exaltación. Bienaventurados los que lloran su indignidad, su incompetencia e ineptitud.

Isaías, el gran profeta de Dios, sabía por experiencia, que es preciso doblar la rodilla en llanto, antes de poder alzar la voz en alborozo. Cuando descubrió que su pecado era asqueroso y repugnante ante la trasluciente santidad de Dios, exclamó: "¡Ay de mí! que soy muerto; porque siendo hombre inmundo de labios, . . . han visto mis ojos al Rey, Jehová de los ejércitos" (Isaías 6:5).

Nadie puede sentirse satisfecho con su bondad después de haber contemplado a Dios en su santidad. Empero el llanto sobre nuestra pecaminosidad y vileza, debiera ser momentáneo, porque Dios ha prometido: "Yo soy el que borro tus rebeliones por amor de mí mismo, y no me acordaré de tus pecados" (Isaías 43:25).

Isaías tuvo que experimentar el llanto de la ineptitud antes que pudiera disfrutar del gozo, del perdón. Si no sentís dolor por el pecado, ¿cómo podéis daros cuenta de la necesidad de arrepentimiento?

En la economía de Dios tendréis que descender primero al

valle del dolor antes de escalar las cumbres de la gloria espiritual. Tendréis que sentir el cansancio y la preocupación de vivir a solas, antes de buscar y encontrar el compañerismo de Cristo. Tendréis que llegar al fin del propio compañerismo antes de comenzar a vivir la vida de Dios.

El llanto de insuficiencia es el llanto que atrae la atención de Dios, pues la Biblia afirma: "Cercano está Jehová a los quebrantados de corazón; y salva a los contritos de espíritu" (Salmo 34:18).

Hemos recibido cientos de cartas de personas que procuran "controlarse" mediante su fuerza de voluntad, y que en sus propias fuerzas lucharon por abandonar sus hábitos, sus pecados y sus inclinaciones asquerosas. Pero todo fue inútil; finalmente, desesperadas, se acercaron a Cristo, y en él encontraron fortaleza para ser más que vencedoras.

La experiencia revela que somos ineptos y la historia prueba que somos deficientes. La Biblia declara que somos inhábiles para salvarnos a nosotros mismos, pues la venida de Cristo pone de manifiesto la ineficacia de la humanidad.

El día más feliz de mi vida, fue cuando me di cuenta de que mi propia habilidad, mi bondad y mi fuerza moral eran inútiles ante Dios. Abiertamente y de manera pública, reconocí la necesidad que tenía de Cristo. No exagero al afirmar que mi llanto se tornó en risa y mi clamor en melodía.

Bienaventurados los que lloran su insuficiencia, porque ellos serán consolados con la suficiencia de Dios.

El llanto del arrepentimiento

Otra clase de llanto es *el llanto del arrepentimiento*.

Tras reconocer nuestra ineptitud podemos saber la razón de esa insuficiencia: el pecado. Nosotros como individuos no podemos erradicar el pecado del cosmos, pero como criaturas volitivas somos responsables de su presencia en nuestras vidas. "Por cuanto todos pecaron, y están destituidos de la gloria de Dios" (Romanos 3:23), todos tienen necesidad de llorar a causa del pecado en sus vidas.

Una de las técnicas del moderno psicoanálisis consiste en la asociación de conflictos presentes con experiencias pasadas. Algunas veces cuando los pacientes de psiquiatría confiesan sus faltas pasadas, experimentan cierta liberación de sus sentimientos de culpa. Pero como la psiquiatría es una ciencia de la mente, en este caso no puede hacer nada por el corazón. Sólo hay un médico del alma, Jesucristo.

Dios ha dicho: "Convertíos a mí con todo vuestro corazón, con ayuno y lloro y lamento" (Joel 2:12).

El llanto de arrepentimiento no es una lamentación por las propias desgracias o infortunios, ni sentir pesar por la pérdida de bienes materiales, como tampoco tener remordimiento porque nuestros pecados hayan sido descubiertos. Es totalmente posible sentir gran pesar a causa de la ruina que el pecado ha producido en nuestras vidas y con todo no estar arrepentidos. Me he encontrado con personas que me han abierto sus corazones con lágrimas porque sus pecados habían sido descubiertos y enfrentaban serios problemas. Pero el verdadero arrepentimiento es algo más que sentirnos pesarosos por los pecados cometidos y lamentar la manera en que hemos permitido que el pecado destruyera nuestras vidas. El verdadero arrepentimiento es alejarse *del pecado,* una decisión consciente y deliberada de abandonar el pecado, y una decisión consciente de volvernos *a Dios* para someter nuestras vidas a su voluntad. El arrepentimiento es un cambio radical de dirección, una alteración de las actitudes y una sumisión de la voluntad. Humanamente hablando, es nuestra pequeña parte en el plan de la salvación, aunque la fortaleza para arrepentirnos nos viene de Dios. Con todo, el acto del arrepentimiento en sí no nos hace merecedores o dignos de la salvación; únicamente pone nuestro corazón en condición de recibir la gracia de Dios.

La Palabra de Dios dice: "Así que, arrepentíos y convertíos, para que sean borrados vuestros pecados; para que vengan de la presencia del Señor tiempos de refrigerio" (Hechos 3:19). Vuestra parte es el arrepentiros. Dios efectuará la conversión, la transformación y la remisión de los pecados.

No será fácil doblegar vuestra obstinada y terca voluntad; pero una vez que lo hagáis, será como una vértebra desviada vuelta a su lugar. En lugar del esfuerzo y la tensión de una vida en disonancia con Dios, experimentaréis la paz serena de la reconciliación. Vuestros nervios percibirán que vuestra mente y corazón están en descanso y enviarán estas buenas nuevas a través de su sistema de comunicaciones a cada fibra de vuestro cuerpo: "Las cosas viejas pasaron; he aquí todas son hechas nuevas" (2 Corintios 5:17).

Así como el dolor precede al alumbramiento, el llanto por el pecado precede al renacimiento espiritual. No quiero insinuar que en vuestra experiencia debáis prorrumpir en llanto violento y estrepitoso por el pecado de vuestra vida; el dolor por el pecado puede venir quietamente y con poca o mucha emoción. Pero sí experimentaréis una sincera aflicción por las maldades de vuestra vida, y una disposición de volveros hacia Dios en busca de ayuda y salvación. Dice la Escritura: "Porque la tristeza que es según Dios produce arrepentimiento para salvación" (2 Corintios 7:10).

El llanto del amor

Hay todavía otro aspecto de la bienaventuranza del llorar, que consideraremos en tercer lugar: *El llanto del amor.*

En muchos automóviles antiguos había un indicador de combustible que contenía una especie de líquido rojo, cuyo nivel en el manómetro correspondía al nivel del combustible en el tanque. Según la marca del líquido en el manómetro, así era el contenido del tanque.

Si queréis saber la medida de vuestro amor para con Dios, investigadlo en la forma que amáis a vuestros semejantes. Nuestra compasión para con los demás es el manómetro exacto de nuestra devoción a Dios.

La Palabra de Dios lo explica en estos términos: "Amémonos unos a otros; porque el amor es de Dios. Todo aquel que ama, es nacido de Dios, y conoce a Dios . . . Y nosotros tenemos este mandamiento de él: El que ama a Dios, ame también a su hermano" (1 Juan 4:7, 21).

Hace algún tiempo, acompañado de algunos amigos, entré a visitar un museo en la ciudad de San Francisco. Entre otras cosas, observamos una colección de instrumentos de tortura que fueron utilizados por gente religiosa, para forzar a otras personas a que creyeran como ellas. La historia es en gran parte una crónica de la crueldad del hombre contra el hombre.

El siglo en que vivimos difícilmente puede describirse como una época en la que la gente es honestamente sensible a las necesidades de otros. Más bien hemos desarrollado una pantalla de sofisticación y a la vez de cinismo y de dureza. Nuestra música popular habla constantemente de amor, pero el índice de divorcios es escalofriante, el abuso de los niños es estremecedor, y nuestro mundo se conmueve con guerras, violencia y terrorismo. Nuestra generación se caracteriza por ser la generación del *yo*. Esta generación prefiere más ver a los luchadores pelear por el premio que luchar ella por el galardón. No sólo el canto "Rescatad al que perece" ha desaparecido de nuestros himnarios sino también de nuestros corazones, excepto para las circunstancias de hambre física, víctimas de regímenes opresivos o de maremotos. Y esto es terriblemente importante, es sólo que los que están pereciendo espiritualmente necesitan oír el evangelio.

Hace algunos años visitamos la India y mientras estábamos allí sucedió un maremoto que sacudió una sección de setenta y cinco kilómetros de la costa, matando miles de personas y destruyendo cientos de pueblos. Oficiales indios nos permitieron acompañarles e inspeccionar la zona en helicóptero. Fuimos de los primeros en ver aquella devastación. Nunca olvidaré la horrible destrucción y la hediondez de la muerte, como si una docena de bombas atómicas hubieran estallado al mismo tiempo. Y con todo este terrible desastre apenas apareció en los periódicos americanos y menos aún en las noticias de la televisión.

Abraham Lincoln expresó sabiamente en una ocasión: "Siento pena por el individuo que no experimenta sobre sí el rigor del látigo cuando se azota a su compañero."

La mayoría de los hombres poseen un corazón encallecido que es indiferente a la pobreza y miseria de los demás. Esto se debe en gran parte al hecho de que muchas personas jamás han experimentado un renacimiento. El amor de Dios nunca ha sido derramado en sus corazones.

Muchos hablan del evangelio social, como si fuera algo separado y distinto del evangelio de redención. La verdad es que solamente hay un evangelio. Tenemos que ser redimidos, y tenemos que entrar en buenas relaciones con Dios, antes de que podamos ser sensibles a las necesidades de los demás. El amor divino, al igual que un rayo de sol, brilla sobre el objeto antes de ser refractado. A menos que nuestros corazones sean acondicionados por el Espíritu Santo para recibir y reflejar la llama de la divina compasión, no podremos amar a nuestros semejantes como se nos pide.

Jesús derramó lágrimas de compasión junto a la tumba de un amigo. También lloró sobre Jerusalén, porque como ciudad había perdido interés por las cosas del espíritu. El gran corazón de Cristo era sensible a las necesidades de los demás.

Con el propósito de acentuar la importancia del amor entre los hombres, Jesús hizo la revisión de un mandamiento antiguo en esta forma: "Amarás al Señor tu Dios de todo tu corazón . . . y a tu prójimo como a ti mismo" (Lucas 10:27).

Francisco de Asís nos descubre en su oración el secreto de la felicidad:

> ¡Oh Maestro!, que no busque yo tanto
> Ser consolado, como consolar;
> Ser comprendido, como comprender;
> Ser amado, como amar;
> Porque
> Dando, se recibe;
> Olvidando, se encuentra;
> Perdonando, se es perdonado;
> Muriendo, se resucita a la vida eterna.

Esta generación es ruda y cruel. Una ocasión escuché a un muchachito jactarse de lo altanero que era. Me dijo: "En la calle donde vivo, entre más se adentre usted, más alzada es la gente, y yo vivo en la última casa."

Las lágrimas derramadas por sí mismo, son lágrimas de debilitación; pero las lágrimas de amor derramadas por otros, son un signo de fortaleza. Vosotros no podréis ser tan misericordiosos como debierais, hasta que podáis "llorar por la oveja extraviada y levantar a la perniquebrada", y hasta que hayáis comprendido el valor de ayudar en amor a soportar las cargas, los infortunios y desgracias de los demás, no podréis conocer la verdadera felicidad.

El llanto del alma que está de parto

Otra clase de llanto que nos trae bienestar, es el que examinaremos en cuarto lugar: *El llanto del alma que está de parto.*

Esto puede parecer extraño, pero representa una clase de llanto muy efectivo y provechoso. La Sagrada Escritura afirma: "En cuanto Sion estuvo de parto, dio a luz sus hijos (Isaías 66:8).

No usamos hoy la frase "parto del alma", tanto como se usaba antaño. "Parto" nos habla de "trabajo", de "esfuerzo doloroso". "Parto del alma" significa, por tanto, esfuerzo espiritual. No tanto trabajo exterior que otros puedan ver, sino aquel otro que tiene lugar en lo recóndito del alma. Se refiere a ese flujo continuo de oración que brota del corazón del cristiano por un mundo espiritualmente no regenerado. Pero no os hagáis ilusiones, pues este parto del alma es difícil y costoso, porque estamos envueltos en una guerra espiritual contra Satanás, el enemigo de las almas. "Orad sin cesar", nos dice la Biblia (1 Tesalonicenses 5:17).

Dios ha obrado milagrosamente en nuestras campañas a lo largo de los años. Miles de hombres y mujeres se han decidido por Cristo. Estas decisiones no representan el resultado del trabajo de un hombre o del esfuerzo de un grupo de hombres, sino el fruto de la oración ferviente de muchos alrededor del mundo. Dios ha dicho: "Si . . . mi pueblo . . . orare . . . yo oiré desde los cielos" (2 Crónicas 7:14).

Antes de que fueran añadidas las tres mil almas a la iglesia en el día de Pentecostés, los discípulos se pasaron cincuenta días en oración, ayuno y agonía espirituales.

Juan Knox, con una pasión e interés abrasadores por las almas, oraba: "¡Dame a Escocia o me muero!" Su fervorosa agonía fue galardonada con un renacimiento espiritual en su país. Esto es lo que Pablo llama "orando en el Espíritu". Y es la manifestación de una profunda preocupación por los demás, infundida por el espíritu de Dios.

La Santa Escritura asienta: "Pues qué hemos de pedir como conviene, no lo sabemos, pero el Espíritu mismo intercede por nosotros con gemidos indecibles" (Romanos 8:26).

Esta clase de oración puede lanzarse más allá de los mares, apresurarse entre los caldeados desiertos, trascender sobre las montañas y abrirse paso en medio de las junglas, para llevar el poder sanador y auxiliador del evangelio a los que son objeto de nuestras oraciones.

Esta clase de llanto, esta calidad de preocupación, se produce por la presencia del Espíritu de Dios en nuestras vidas. La frase "El mismo Espíritu intercede", indica que Dios mismo es el que intercede, suplica y gime por medio de nosotros. De esta manera, nos convertimos en colaboradores juntamente con

Dios, socios verdaderos de él; nuestras vidas son elevadas desde el bajo plano del egoísmo, hasta la explanada excelsa de la creatividad con Dios.

Juan Knox agonizó en oración y la iglesia en Escocia resurgió a una nueva vida. Juan Wesley agonizó y dio alumbramiento al movimiento metodista. Martín Lutero agonizó y la reforma comenzó a gestarse.

Dios desea que los cristianos se preocupen y aflijan por un mundo perdido. Si ofrecemos esta clase de oraciones, una era de paz puede alborear sobre el mundo, y las hordas del mal habrán de batirse en retirada. "Pues en cuanto Sion estuvo de parto, dio a luz sus hijos" (Isaías 66:8).

El llanto del sufrimiento y de la desgracia

Otra clase de llanto que consideraremos, es la quinta: *El llanto de la desgracia.*

Dios nunca ha prometido a nadie, ni aun a sus propios hijos, inmunidad contra el dolor, las penas o el sufrimiento. Este mundo es un "valle de lágrimas", y la desilusión y la congoja son inevitables como lo son las nubes y las sombras. El sufrimiento es con frecuencia el punto crucial donde nuestra fe es probada. Aquellos que pasan bien por la prueba del "horno de la aflicción", son los que salen "como oro afinado en fuego".

La Palabra de Dios nos enseña inequívocamente que podemos triunfar sobre la desgracia. El salmista afirmó: "Por la noche durará el lloro, y a la mañana vendrá la alegría" (Salmo 30:5).

El estarse lamentando uno mismo sobre sus penas, no puede proporcionar alivio permanente. La realidad es que únicamente logrará recrudecer nuestra miseria. Una aflicción continua nos proporcionará poco solaz en sí misma, porque, la aflicción sólo engendra aflicción. Una incesante angustia, solamente acrecentará nuestro dolor. No pregonéis vuestras penas, ni lamentéis vuestro infortunio; porque eso únicamente servirá para deprimir a los demás. El llanto o el dolor, cuando es concebido de un modo cristiano, contiene una estructura de bienestar. "Bienaventurados los que lloran, porque ellos recibirán consolación" (Mateo 5:4).

Hay refrigerio en el llanto, *porque sabemos que Cristo está con nosotros.* El ha prometido: "He aquí yo estoy con vosotros todos los días, hasta el fin del mundo" (Mateo 28:20). El sufrimiento es tolerable cuando no tenemos que llevarlo a solas; pues entre más compasiva es su presencia, menos agudo se hace el dolor.

Cuando érais pequeños, cuántas veces vuestro pie tropezó, o sufristeis alguna contusión en la pierna, o una cortada en la mano, ¿no corristeis a echaros en brazos de vuestra madre, a contarle la pena entre sollozos, y ella amante y tierna, acariciándoos, besó la herida para impartiros un alivio mágico; para que siguierais vuestro camino, medio curados, pero totalmente reconfortados? El amor y la compasión contienen un bálsamo más eficaz que cualquier ungüento o pomada de fabricación humana.

Sí, cuando un ser amado fallece es natural que tengamos una sensación de pérdida e inclusive de profunda soledad. Y sin duda no va a desaparecer de inmediato. Pero aun cuando el dolor de la pérdida lo sentimos más intensamente, podemos también experimentar más íntimamente la graciosa y amorosa presencia de Cristo. Jesucristo, quien sufrió la cruz y enfrentó solo la muerte y el infierno para nuestra salvación, sabe lo que es el sufrimiento y la soledad. Y porque lo sabe es capaz de confortarnos con su presencia. "Bendito sea el Dios y Padre de nuestro Señor Jesucristo, Padre de misericordias y Dios de toda consolación, el cual nos consuela en todas nuestras tribulaciones, para que podamos también nosotros consolar a los que están en cualquier tribulación, por medio de la consolación con que nosotros somos consolados por Dios" (2 Corintios 1:3, 4).

Por tanto, en nuestras vidas puede haber bendición en medio del llanto. Dios puede proporcionarnos en la experiencia del sufrimiento y pérdida nuevas medidas de su fortaleza y amor.

Jesús dijo: "No se turbe vuestro corazón . . . creed . . . en mí" (Juan 14:1). Cuando la fe es vigorosa, los problemas se convierten en trivialidades.

Hay también solaz en el llanto *porque en medio de la angustia Dios nos da un cántico.* En Isaías 12:2, la Biblia nos dice: "Mi fortaleza y mi canción es Jehová." Y en Job 35:10 Eliú pregunta: "¿Dónde está Dios mi Hacedor, que da cánticos en la noche?" Su presencia en nuestra vida cambia nuestro llanto en canción, y este cántico es de consuelo. Algunas veces es necesario que se haga de noche para obtener esa canción.

Esta clase de lenitivo impulsó a un inglés que contemplaba el hoyo profundo y oscuro donde había estado su casa antes del bombardeo a decir: "Yo siempre había querido un subterráneo, y bien puedo ahora edificar otra casa a mi gusto."

Este mismo incentivo movió a la joven esposa de un ministro, en una iglesia cercana a nosotros, a impartir, como de costumbre la clase de escuela dominical a un grupo de señoritas, en el mismo día del funeral de su esposo. Su llanto no era de desamparo; era un llanto de fe en la bondad y sabiduría de Dios; ella creía que nuestro Padre celestial nunca se equivoca.

Además, puede haber bendición en llorar *porque Dios puede usar nuestros sufrimientos para enseñarnos a ser mejores personas*. Frecuentemente sucede que sólo a través del sufrimiento nos damos cuenta de la brevedad de la vida y de la importancia de vivir para Cristo. Dios usa muchas veces el sufrimiento para lograr cosas en nuestras vidas que de otra manera no se conseguirían.

La Biblia nos lo dice en pocas palabras: "Hermanos míos, tened por sumo gozo cuando os halléis en diversas pruebas, sabiendo que la prueba de vuestra fe produce paciencia. Mas tenga la paciencia su obra completa, para que seáis perfectos y cabales, sin que os falte cosa alguna" (Santiago 1:2-4). Algunas de las personas más cristianas que he conocido fueron hombres y mujeres que habían pasado por grandes pruebas y sufrimientos, quizá inclusive permanecer inválidos por largos años. Muchas personas hubieran quedado amargadas y resentidas si hubieran tenido que enfrentar tales circunstancias, pero al conocer a Cristo y vivir día a día en el gozo de su presencia, Dios las bendijo y las transformó en personas que reflejaban a Cristo. He estado frecuentemente visitando personas en los hospitales para alentarlas y he salido de allí con el sentimiento de que era yo el que había sido ayudado y animado, porque Dios estaba usando sus aflicciones para transformarlas a la semejanza de Cristo.

El doctor Eduardo Judson, al referirse a su padre Adoniram Judson, con motivo de la dedicación del templo de la iglesia "Judson Memorial" en la ciudad de Nueva York, dijo: "El sufrimiento y el éxito van juntos; si tenéis éxito sin sufrimiento, es porque otros antes de vosotros han tenido que sufrir; si sufrís sin tener éxito, es para que otros, después de vosotros, puedan lograrlo."

Hay, sobre todo, consuelo en el llanto *porque sabemos que esta vida no es todo, pero nosotros tenemos la esperanza del cielo.* Pablo dijo: "Si en esta vida solamente esperamos en Cristo, somos los más dignos de conmiseración de todos los hombres" (1 Corintios 15:19). Pero él sabía que nuestra esperanza no estaba sólo en esta vida, sino en el cielo. Nuestra esperanza está en el Cristo resucitado que ha abierto la puerta de la vida eterna para todos aquellos que han puesto su confianza en él. "¿Dónde está, oh muerte, tu aguijón? ¿Dónde, oh sepulcro, tu victoria? . . . Mas gracias sean dadas a Dios, que nos da la victoria por medio de nuestro Señor Jesucristo" (1 Corintios 15:55, 57).

Nunca olvidaré los últimos meses de la vida de mi madre, poco antes que ella fuera a morar con el Señor. Durante aquellos días se fue debilitando físicamente poco a poco, pero su gozo y animación acerca del cielo crecían cada vez más. Cualquiera que la visitaba salía maravillado de su espíritu radiante y expectación. Sí, cuando ella partió hubo lágrimas, pero en medio del dolor, todos aquellos que la amaban tenían un profundo sentido de gozo y consuelo porque sabían que estaba con el Señor. "Bienaventurados los que lloran, porque ellos recibirán consolación."

Esta era la esperanza del apóstol Pablo, una esperanza basada firmemente en el hecho de la resurrección de Cristo. "Que estamos atribulados en todo, mas no angustiados; en apuros, mas no desesperados . . . Por tanto, no desmayamos; antes aunque este nuestro hombre exterior se va desgastando, el interior no obstante se renueva de día en día. Porque esta leve tribulación momentánea produce en nosotros un cada vez más excelente y eterno peso de gloria; no mirando nosotros las cosas que se ven, sino las que no se ven; pues las cosas que se ven son temporales, pero las que no se ven son eternas" (2 Corintios 4:8, 16-18). Jesucristo declaró: "Yo soy la resurrección y la vida; el que cree en mí, aunque esté muerto, vivirá" (Juan 11:25, 26).

¿Tienes esta esperanza en tu corazón? ¿Sabes que si murieras esta noche irías al cielo para estar siempre con Cristo? Puedes tener esta seguridad si confías en Cristo como tu Salvador y Señor. Jesús prometió: "Voy, pues, a preparar lugar para vosotros . . . para que donde yo estoy, vosotros también estéis" (Juan 14:2, 3).

"Bienaventurados los que lloran", y son bienaventurados porque saben que su dolor, su desgracia o su privación, son el trabajo de parto de una nueva creación, los dolores de alumbramiento de un mundo mejor. Son bienaventurados porque saben que el Artista divino utiliza a la vez luces y sombras para producir una obra maestra, digna del divino Artífice.

También han de gloriarse en sus flaquezas, sonreír en medio de sus lágrimas y cantar en su dolor, porque se dan cuenta de que en la economía de Dios, "Si sufrimos, también reinaremos con él" (2 Timoteo 2:12).

El llanto de la desesperación

Y, por último está *el llanto de la desesperación*. "No podía pensar acerca de mi propia muerte", decía una joven víctima de la enfermedad cuyas siglas son SIDA. "Quiero vivir para siempre."

La tragedia de SIDA es evidente. Pero como C. S. Lewis dice de la guerra: "La guerra no incrementa la muerte. La muerte es total en cada generación." Lo mismo se puede decir de SIDA; no incrementa la muerte; pues la muerte es total en cada generación.

Sin embargo, en la tremenda situación presente, el Dios de misericordia ha dado oportunidades a las personas. Quizá por un tiempo corto, lleno de frustración, enfado, amargura y temor, pero tiempo al fin. Tiempo para pensar en Dios, en su amor por un mundo equivocado, en su Hijo enviado para llevar nuestros pecados, y los de todos los hombres, sobre su cuerpo en la cruz. Tiempo para acudir a él en la sinceridad y arrepentimiento de niños y descubrir el amor de Jesús, su poder transformador, y la vida eterna que él ha prometido y que ha ido a preparar para nosotros.

4

La Felicidad
de la Mansedumbre

"Bienaventurados los mansos,
porque ellos recibirán la tierra por heredad."
Mateo 5:5

La mayoría de nosotros buscamos atajos para llegar a la felicidad. Buscamos las pepitas de oro de la satisfacción espiritual en la superficie, pero no en las profundidades donde las hay en abundancia. Es muy natural seguir la vía del menor esfuerzo, olvidando fácilmente que el calor y la luz son productos de la resistencia que liberan las fuerzas latentes de la vida.

Muchos somos como cierto sujeto del Oeste que tenía una parcela con hierro viejo, trabajaba día y noche comprando y vendiendo la chatarra que juntaba de callejones y patios de fábricas. Mas un día descubrió que su parcela estaba sobre una zona petrolera. Nuestro hombre, ni tardo ni perezoso, contrató una cuadrilla perforadora y muy pronto el oro negro comenzó a brotar de las entrañas de la tierra. Su patio de hierro viejo fue transformado en una verdadera mina de riqueza inagotable.

En estas Bienaventuranzas, nosotros poseemos una mina de oro espiritual. A muchos esto les parece demasiado bueno para ser verdad, y siguen su camino arañando en la superficie de la vida, recogiendo los desechos en forma de artefactos, oro y talismanes. Ignorantes de lo atractivo y prometedor de estos secretos de prosperidad, pierden la clave de una vida radiante y permanecen paupérrimos espirituales, arrastrándose en la miseria que ellos mismos se buscaron.

Olvidan que lo que pasa *dentro* de ellos es más importante que lo que acontece a ellos. Por no haber levantado baluartes interiores, caen presa del enemigo. Del mismo modo llenos de resentimientos y contrariados por las frustraciones se vuelven víctimas de la depresión y el desencanto.

¿Pensáis que Dios se hubiera molestado enviando a su Hijo al mundo, si el hombre hubiese sido capaz de enfrentarse solo a la vida y a la eternidad? La venida de Cristo al mundo prueba que Dios no se encontraba feliz con la desdicha del hombre. No envió a su Hijo únicamente para que tuviésemos vida perdurable, sino vida aquí mismo sobre la tierra y ¡Vida en abundancia, Vida con V mayúscula!

La enseñanza de Jesús fue única en su género y diferente de todas las demás. El quitó la religión del plano meramente teórico, y la colocó en el práctico. No se valió de calificativos o frases estereotipadas para declarar su modo de vida. Jamás se expresó en términos: "Me atrevo a decir" o "Quizá sea de esta manera" u "Opino de este modo."

¡El habló con autoridad! ¡Con determinación! ¡Habló como si lo supiera . . . y lo sabía! Cuando concluyó el Sermón del monte, leemos que "la gente se admiraba de su doctrina; porque les enseñaba como quien tiene autoridad, y no como los escribas" (Mateo 7:28, 29).

Su modo de hablar no era meloso ni vago, ni se hacía las conjeturas del filósofo que jura buscar la verdad aun cuando fácilmente admite que jamás la ha encontrado. Jesús, más bien, habla con la voz confiada del matemático que responde sin vacilación porque la evidencia de la respuesta se puede hallar dentro del problema.

Enseñó con autoridad porque él era más que simplemente otro líder religioso, era Dios mismo que había descendido en forma humana. Sus palabras son verdad porque él es Dios y Dios no puede mentir. "Dios . . . en estos postreros días nos ha hablado por el Hijo, a quien constituyó heredero de todo, y por quien asimismo hizo el universo" (Hebreos 1:1, 2). Porque él es Dios encarnado, podemos depender total y absolutamente en la seguridad de su persona y palabra.

En esta tercera bienaventuranza tenemos las palabras: "Bienaventurados los mansos, porque ellos recibirán la tierra por heredad." ¿Habéis imaginado alguna vez que en la mansedumbre puede haber felicidad?

La búsqueda del significado de mansedumbre

A la mayoría la palabra "manso" les trae a la mente la idea de una personalidad débil, alguien de quien todos pueden abusar. De hecho, en el pensamiento popular, la mansedumbre no es un rasgo deseable de la personalidad. Nuestra sociedad nos dice: "Sé el primero por intimidación" o "Lucha por ser el número uno." A los ojos de muchos la única manera de triunfar es a codazos y empujones. "Quiero subir la escalera del éxito", se comentaba que dijo una mujer, "y no me preocupa qué dedos aplasto a medida que subo los peldaños."

¿Qué quiere decir Cristo cuando habla de mansedumbre? ¿Quiere decir, por ejemplo, que tenemos que arrastrarnos delante de él, llenos de miedo y rendirnos servilmente a su voluntad por el temor de lo que pueda hacernos si fallamos?

¿Será posible que Cristo deseara que sus seguidores fueran como un perrito que llega arrastrándose a la presencia de su amo, todo apaleado y golpeado? ¿Es la felicidad el resultado de una sumisión forzada? ¡Claro que no!

Jesús no nos quiere hacer pensar que Dios es un autócrata, cuyo ego únicamente se puede satisfacer por una sumisión coercitiva. Nada puede estar más lejos de la verdad, porque no hay felicidad cuando se nos obliga a hacer lo que no queremos hacer. No hay empleados más miserables como los que constantemente se resienten de su servidumbre. Sería contrario a la naturaleza de Dios, como también al libre albedrío del hombre, exigir una lealtad no ofrecida espontáneamente.

Dios se conduce de acuerdo con su rectitud. El jamás violará nuestra libertad de elección entre la vida eterna y la muerte espiritual, entre lo malo y lo bueno, entre lo justo y lo injusto. Su objetivo final no es sólo la gloria de sí mismo, sino establecer también la feliz relación con el joyel de su creación, el hombre. Jamás exigirá alguna cosa que menoscabe la libertad del hombre.

¿O que la mansedumbre a que Jesús se refiere significa

debilidad? ¿Significa acaso que hay una bendición especial para los débiles, exangües o raquíticos?

Dios tiene ciertamente un especial interés por aquellos que son débiles e impotentes en este mundo. "Como el padre se compadece de los hijos, se compadece Jehová de los que le temen. Porque él conoce nuestra condición; se acuerda de que somos polvo" (Salmo 103:13, 14). Pero esto no es a lo que se refiere Jesús cuando habla de mansedumbre. El llamaba a los discípulos a ser mansos, pero no débiles y vacilantes. Tenían que ser disciplinados, pero no incapaces e inofensivos ante el mal.

¿Acaso también se refiere Jesús a los que por naturaleza son de temperamento apacible? Algunas personas nacen con mejor genio que otras. Su comportamiento bonachón no es el resultado de la oración y la gracia espiritual, sino de la ley de la herencia. Son apacibles porque su padre o su madre o su abuela lo eran también. Este es un rasgo admirable, pero es seguro que Jesús no se refiere a estas pocas personas que por naturaleza tienen un genio agradable. Eso significaría que los que siempre están con flato o biliosos, jamás podrían experimentar esta felicidad a que él se refiere.

Jesús, en su modo peculiar, expresaba algo muy desconcertante y revolucionario ante sus seguidores: "Bienaventurados los mansos." Y eso está diametralmente opuesto a nuestro moderno concepto del camino de la felicidad.

Nosotros decimos: "Bienaventurados los listos, porque ellos heredarán la admiración de sus amigos", "bienaventurados los agresivos, porque ellos heredarán la prosperidad", "bienaventurados los talentosos, porque ellos heredarán una carrera", "bienaventurados los ricos, porque ellos heredarán un mundo de amigos y una casa llena de aparatos modernos."

El verdadero significado de la mansedumbre

¿Qué quiso, entonces, decir Jesús? El diccionario nos dice que la palabra *manso* significa "benigno, suave, apacible, sosegado". William Barclay señala que el término griego para manso era la palabra que se usaba frecuentemente para describir al animal que había sido domado para obedecer a su amo. Podía ser un animal fuerte como un caballo o buey, capaz de trabajar mucho. No era "débil" sino "manso"; siempre obediente a la voz de su amo. Un caballo domado contribuye mucho más a la vida que uno salvaje. La energía fuera de control es peligrosa, pero bajo control es poderosa y beneficiosa.

Ese es un cuadro vívido de lo que Jesús quería decir por "manso". Cuando vivimos aparte de Cristo somos, en cierto sentido, como un animal salvaje. Vivimos conforme a nuestros propios deseos, obedeciendo a nuestros instintos y manejando nuestras propias vidas. Cuando vamos a Cristo nuestra meta es diferente, pues entonces queremos vivir para él y hacer su voluntad. Esta es, después de todo, la voluntad de Dios para nosotros, porque Cristo "por todos murió, para que los que viven, ya no vivan para sí, sino para aquel que murió y resucitó por ellos" (2 Corintios 5:15). Somos "mansos" sujetos a la voluntad de nuestro Maestro y listos para trabajar por él. Y cuando nuestras vidas y corazones estén marcados por la verdadera mansedumbre, conoceremos la verdadera felicidad.

Jesús no dijo: "Sed mansos y heredaréis la tierra." El sabía mejor que cualquier otro que la mansedumbre es un don de Dios, como resultado del nuevo nacimiento, una nueva vida dentro.

Moisés fue manso, pero no lo fue por inclinación natural. Sabemos que en su indignación mató a un egipcio y en más de una ocasión demostró que su mansedumbre no era un don natural. Cuando encontró a los hijos de Israel apartándose del Señor para volverse a los ídolos, se puso colérico y lanzó por tierra las tablas de piedra que contenían los diez mandamientos. Su mansedumbre, por lo visto era contraria a su naturaleza, era un milagro de Dios. Números 12:3 dice: "Aquel varón Moisés era muy manso, más que todos los hombres que había sobre la tierra."

Pedro no era manso por naturaleza. En una ocasión, encolerizado, cortó la oreja del guardia que había venido a arrestar a Jesús. Juró, renegó y blasfemó cuando se le acusó de ser discípulo de Cristo. No obstante, se convirtió en uno de los hombres más dóciles y a la vez en uno de los exponentes más viriles y osados del cristianismo. ¿Dónde adquirió su mansedumbre?

Pablo, antes de su conversión, no era manso. Haciendo derroche de orgullo y brutalidad, arrestaba a los cristianos procurando su aniquilamiento. Era fanático, egoísta y jactancioso. Pero cuando escribió su cálida y amable epístola a las iglesias de Galacia, dijo entre otras cosas: "El fruto del Espíritu es . . . benignidad, bondad . . ., mansedumbre." Su mansedumbre fue un don divino y no una cualidad humana.

Por naturaleza no somos mansos; al contrario, por naturaleza somos arrogantes y altaneros. Por eso es tan esencial que nazcamos de nuevo. Jesús franca y llanamente dijo, no sólo a Nicodemo, sino a cada uno de nosotros: "Os es necesario nacer de nuevo" (Juan 3:7).

Por aquí comienza la mansedumbre. Debéis experimentar un cambio de vuestra naturaleza. ¿Queréis disfrutar esta dicha? Entonces tendréis que nacer de nuevo. Este es el primer paso que debéis dar. Si sois demasiado orgullosos, tercos o voluntariosos para darlo, entonces no estáis calificados para heredar la tierra.

Cuando desobedecemos este mandamiento de Cristo, automáticamente perdemos el derecho a sus promesas subsecuentes. No podemos acabar bien cuando hemos comenzado mal. Sin el nuevo nacimiento no se nos podrá impartir la mansedumbre. Y sin la mansedumbre, no podrá existir una genuina felicidad.

La arrogancia lleva en sí su propia miseria. El altanero ofende a otros, pero más que todo, se perjudica a sí mismo. Mis sentimientos de enojo me dañan a mí más que a los demás con los que estoy enfadado.

En cierta ocasión me picó una abeja. El piquete me dolió, pero a la abeja le hizo más daño; murió a consecuencia de la embestida y yo no. De igual manera, yo puedo abofetear a alguien en mi enojo. Y sin duda lo dañaré con mi acción, pero a semejanza de la abeja yo seré el más perjudicado.

Asaltos y ataques de represalia son cosa común hoy, y eso es sólo el pico del témpano de hielo. Los padres discuten y riñen. El abuso de niños y ancianos sucede sin freno. Los hogares se desintegran. Altos funcionarios de la administración del gobierno se enzarzan en acaloradas disputas que no están acordes con la dignidad de sus cargos.

¿Por qué y cómo toda esta crueldad y violencia se desliza dentro de nuestra vida social? Porque hemos olvidado las palabras de Jesús: "Bienaventurados los mansos, porque ellos recibirán la tierra por heredad."

Hemos exaltado el vicio y minimizado la virtud. Hemos rebajado la gentileza, las buenas maneras y la moral, mientras que hemos aplaudido la rudeza, el salvajismo y el vicio. Hemos retrocedido a la era del "colmillo y la zarpa", "de la supervivencia de los más fuertes", a la filosofía de que la "fuerza posee la razón". Somos ricos en conocimiento pero pobres en sabiduría; ricos en saber el cómo de la guerra pero tristemente faltos de amabilidad, mansedumbre y fe.

Individualmente somos máquinas de resentimientos, irritaciones, amarguras y frustraciones.

La mansedumbre significa bondad.

La palabra *bondad* raramente se escuchaba antes de la era cristiana, y el término *bondadoso* no era conocido. Este sublime rasgo del carácter es un derivado directo de la fe cristiana.

La Biblia dice: "Pero la sabiduría que es de lo alto es primeramente pura, después pacífica, amable, benigna, llena de misericordia y de buenos frutos, sin incertidumbre ni hipocresía" (Santiago 3:17).

Francisco de Sales dijo: "Nada es más fuerte que un hombre bondadoso; nada tan bondadoso como la verdadera fuerza." Charles Dickens escribió: "Un hombre nunca puede ser bondadoso en sus maneras mientras que no es bondadoso en su corazón."

He visto a hombres ásperos, toscos y rudos, que al abrir su corazón por fe para recibir a Cristo como su Salvador, se han vuelto amables, pacientes, bondadosos y caballerosos.

Recuerdo que cuando nos encontrábamos en Londres, la compañía Ford nos facilitó dos automóviles nuevos con sus respectivos choferes, para llevar a nuestro equipo a sus diferentes lugares de trabajo. Uno de los conductores era un sujeto del tipo mundano y agresivo, que en realidad había probado todo lo que el mundo podía ofrecer. Un día asistió a una de nuestras reuniones y observó los sucesos sin mayor interés y con cierto aire de indiferencia; pero una noche se convirtió y pasó al estrado a rendir su vida a Cristo. ¡Jamás en mi vida había visto a un hombre tan transformado como aquél! Su tosquedad y sofistiquería desaparecieron. ¡Era una nueva criatura! Hizo a un lado su literatura picante, comenzó a memorizar el Nuevo

Testamento y se convirtió en un perfecto caballero cristiano. "El fruto del espíritu es . . . benignidad, bondad . . . mansedumbre" (Gálatas 5:22, 23).

Del gran misionero y corredor Eric Liddell, cuya historia se cuenta en la película "Carros de Fuego", alguien ha dicho: "Era ridículamente humilde en la victoria, completamente generoso en la derrota." Esa es una buena definición de lo que significa ser manso.

La mansedumbre implica sometimiento.

La palabra *sometimiento,* tiene dos significados; el primero negativo y el segundo positivo. Significa ceder, abandonar; significa también darse. Esto está de acuerdo con las palabras de Jesús: "El que pierde (o abandone) su vida . . . la hallará" (Mateo 10:39).

Con frecuencia escuchamos expresiones como esta: "No pelees, él es más fuerte que nosotros dos." Los que son mansos no pelean, porque aprenden el secreto de la rendición y sumisión a Dios. ¡El entonces lucha por nosotros!

La Biblia dice: "Así como para iniquidad presentasteis vuestros miembros para servir a la inmundicia . . ., así ahora para santificación presentad vuestros miembros para servir a la justicia" (Romanos 6:19).

En lugar de abarrotar vuestra mente de resentimientos y de profanar vuestro cuerpo con diversiones pecaminosas que perjudican vuestras almas y os hacen rebeldes y obstinados, entregadlo todo a Dios en humildad. Vuestros conflictos desaparecerán y vuestras tensiones interiores se desvanecerán, convirtiéndose en una tenue brisa.

Entonces vuestra vida comenzará a ser de valor. Empezará a rendir, a producir, a llevar fruto. Tendréis también la sensación de pertenecer a la vida. El tedio se esfumará y os sentiréis llenos de vigor, confianza y expectación. Y por haberos sometido mansamente, comenzaréis a "recibir la tierra por heredad", la tierra de las cosas buenas que Dios tiene almacenadas, para los que confían en él de todo corazón.

Aun la ciencia nos enseña en términos inequívocos el concepto cristiano de la sumisión completa. Tomás Huxley en una ocasión escribió a Carlos Kingsley en estas palabras: "La ciencia aconseja sentarse como un niño ante los hechos; estad dispuestos a ser llevados a cualquier fin a que os quiera llevar la naturaleza, o no podréis saber nada." S. I. McMillen dijo: "Someter nuestra voluntad a la voluntad divina puede parecer un procedimiento negativo, pero da dividendos positivos."

Bienaventurados son los mansos. Bienaventurados los que se someten. Bienaventurados los que confiadamente ponen sus vidas, sus caudales y su futuro en las hábiles manos de su Creador. Bienaventurados los que se abandonan a Dios.

Dios no nos disciplina para subyugarnos, sino para acondicionarnos a una vida de utilidad y bendición. En su sabiduría él sabe que una vida sin freno es una vida desventurada, de manera que pone freno a nuestras almas extraviadas para dirigirlas por "las sendas de justicia". Esto es lo que Dios procura hacer con nosotros: Amansarnos para sujetarnos a un control apropiado a fin de que podamos hacer su voluntad.

"Así que, hermanos, os ruego por las misericordias de Dios, que presentéis vuestros cuerpos en sacrificio vivo, santo, agradable a Dios, que es vuestro culto racional. No os conforméis a este siglo, sino transformaos por medio de la renovación de vuestro entendimiento, para que comprobéis cuál sea la buena voluntad de Dios, agradable y perfecta" (Romanos 12:1, 2).

Dios ejecuta en lo espiritual lo que la ciencia hace en lo físico. La ciencia utiliza las turbulentas corrientes del río Niágara para transformarlas en la energía eléctrica que ilumina un millón de hogares y que hace girar también las productivas maquinarias de la industria.

Dios tomó por su cuenta a Pedro, un exaltado político reaccionario de su época y desvió su energía y desbordante entusiasmo, de lo bajo hacia un plano superior de objetivos más elevados, para que ayudara a dirigir un movimiento que reformó al mundo.

También Cristo escogió a Mateo, un político afable y mañoso, que conocía bastante bien el tejemaneje de la política, como para no dejarse "lazar" del cuello, pero el Maestro le puso el freno de la gracia y lo convirtió en un agente de bendición.

Dios tuvo que hacer la obra de domador con cada uno de sus discípulos. El amansamiento no era cosa de amortiguar sus fuerzas y energías, sino de *reencauzarlas*.

¡Quizá tengáis un mal genio! Eso nada tiene de particular. La mayoría tiene su genio, es verdad, pero con ciertas variaciones. Dios no pide que abandonéis ese genio, pero afirma en cambio, que si queréis ser dichosos, ese temperamento debe ponerse bajo freno y recanalizarse para servicios provechosos. Dios puede utilizar mejor a una persona de temperamento exaltado, pero domada, que a una de carácter apacible, sin domar. Hay demasiados cristianos profesantes que jamás se excitan por nada; nunca se indignan por la injusticia, por la corrupción en los altos puestos, o contra el inicuo tráfico que corrompe las almas y cuerpos de los hombres. Alguien ha dicho: "Hay algunas cosas que no mejoran por más tiempo que las tengas. Otras sí. Tu temperamento es una de ellas." La Biblia nos avisa sobre un temperamento descontrolado: "El hombre iracundo promueve contiendas; mas el que tarda en airarse apacigua la rencilla" (Proverbios 15:18).

Tú tienes un ego, conciencia de ser un individuo. Sin duda que lo tienes y Dios no quiere que te deshagas de tu ego. De hecho, es importante para nosotros tener un concepto apropiado de nuestro valor e importancia. Esto es lo que los psicólogos llaman una autoimagen saludable. Pero lo desarrollamos mejor cuando nos vemos a nosotros mismos como Dios nos ve, como personas que somos tan valiosas para él que quiere perdonarnos y limpiarnos de nuestros pecados para que podamos ser sus hijos. Pero eso no quiere decir que tengamos que ser unos ególatras, introvertidos y egoístas. El sentido común te aconseja que la vida sería miserable siguiendo ese curso. Dios está infinitamente más interesado en tu felicidad de lo que tú puedes estar. El dice: "Negaos y seguidme."

Hay muchas personas en los centros psiquiátricos en la actualidad que pensaron demasiado en sí, al grado de excluir totalmente a Dios y a los demás. Los hipocondríacos con la preocupación fantástica por su salud, jamás llegarán a estar bien a pesar de su condición física. Me recuerdan a aquellas personas que tienen el siguiente letrero en sus escritorios: "Estoy planeando tener una crisis nerviosa. Me la he ganado y me la merezco. Trabajé para conseguirla y nadie me va a privar de tenerla."

Tenemos lengua y garganta, y estos instrumentos de la palabra pueden emplearse destructiva o constructivamente a voluntad. Podemos servirnos de nuestra lengua para calumniar, regañar, sermonear y altercar; y podemos también someterla al influjo del Espíritu de Dios y hacer de ella un instrumento de bendición y alabanza. La Biblia, dice: "Así también la lengua es un miembro pequeño, pero se jacta de grandes cosas. He aquí, ¡cuán grande bosque enciende un pequeño fuego! Y la lengua es un fuego, un mundo de maldad" (Santiago 3:5, 6). Sólo Dios puede controlarla, a medida que se la sometemos.

Santiago 3:3 nos dice: "He aquí nosotros ponemos freno en la boca de los caballos para que nos obedezcan, y dirigimos así todo su cuerpo." Así sucede cuando sometemos nuestras vidas y nuestra naturaleza indomable a las demandas de Cristo. Nos transformamos en seres mansos, domados y "en condiciones para el servicio del Maestro".

La mansedumbre presupone indulgencia.

Indulgencia es un vocablo que casi ha desaparecido de nuestro moderno vocabulario. Significa abstenerse de condenar a otros, refrenarse de juzgar las acciones y motivos de los demás.

La Palabra de Dios afirma: "Con toda humildad y mansedumbre, soportándoos con paciencia los unos a los otros en amor" (Efesios 4:2).

Esta generación es rápida para acometer con arma mortal, pero lenta para aplicar el bálsamo sanador. La crítica severa de los demás y las falsas adulaciones a los que viven cerca de vosotros, puede perjudicarles, pero a vosotros os perjudican más. La injusta condenación que hagáis de los demás, tiene efecto retroactivo sobre vosotros. Lanzáis vuestras acusaciones vindicativas con la esperanza de estropear a otros, mas he aquí, pronto descubriréis que la peor parte vendrá sobre vosotros.

Más de un individuo se encuentra ahora solitario por el hecho de haber desterrado con su propia hiel a los mismos amigos que él necesitaba. Más de una esposa se ha dado cuenta de que el reñir y sermonear jamás atraerá al marido, pero en cambio lo empujará al divorcio.

Algunas personas van por la vida con una carga pesada, arrastran las heridas y resentimientos por cosas que fueron dichas o hechas años atrás. Su amargura no sólo los ha envenenado a ellos sino también ha hecho miserable la vida de los demás a su alrededor. Nunca aprendieron el secreto del perdón y de la paciencia. La Biblia nos avisa de estar vigilantes, no sea que "brotando alguna raíz de amargura, os estorbe, y por ella muchos sean contaminados" (Hebreos 12:15).

La mansedumbre y la indulgencia se hacen necesarias para vivir armoniosamente dentro de la sociedad, y más aún si deseáis gozar de una vida feliz hogareña.

La Palabra de Dios dice: "Que a nadie difamen, que no sean pendencieros, sino amables, mostrando toda mansedumbre para con todos los hombres" (Tito 3:2). No podréis ser felices, engrandeciendo las faltas de los demás, y reduciendo al mínimo sus virtudes. Este es un buen método para alejar a los amigos, para perder vuestra dicha hogareña, o para arruinar vuestro brillante porvenir.

He aquí la respuesta cristiana a los altercados de vecindad, a las alharacas de familias y las contiendas de la comunidad: "Soportándoos unos a otros, y perdonándoos unos a otros si alguno tuviere queja contra otro. De la manera que Cristo os perdonó, así también hacedlo vosotros" (Colosenses 3:13).

Se cuenta de un viejo diácono consagrado, que acosado hasta lo insoportable por la persistente malicia de un enemigo, públicamente juró que "lo mataría". Su enemigo se percató de sus intenciones y esperó burlonamente a ver lo que el inofensivo diácono haría. Realmente, en lugar de pagar un mal con otro, el viejo diácono buscaba todas las oportunidades de hacer bien a su enemigo. Esto se convirtió al principio en una especie de diversión, que producía cierta incomodidad; pero cuando al fin el diácono hizo un servicio que implicaba sacrificio a su enemigo, arriesgando su vida para salvar a su esposa que se ahogaba, el desacuerdo entre ambos fue subsanado.

"Muy bien", dijo su enemigo. "Tú has hecho lo que te propusiste hacer, me has matado, o al menos has dado muerte al hombre que yo era antes. Bien, ¿en qué te puedo servir ahora?"

¡Este mundo todavía no es insensible a un sólido acto de amor cristiano! Lo que la humanidad necesita no es más cristianismo, sino más cristianos que practiquen la indulgencia y perdón cristianos.

La mansedumbre sugiere paciencia.

La generación actual es una generación tremendamente impaciente y neurótica. Nos apresuramos cuando no hay razón para ello. Esta época que marcha con paso acelerado, ha creado más problemas y menos moralidad que las generaciones anteriores y nos ha legado también un sistema nervioso desequilibrado. Tomás de Kempis dijo: "Todos los hombres elogian la paciencia, aunque muy pocos están deseosos de practicarla." John F. Newton escribió: "Sé lo suficientemente paciente para vivir día a día como Jesús nos enseñó, permitiendo que el ayer marche y dejando que el mañana llegue en su momento."

La impaciencia ha producido una nueva cosecha de hogares naufragados, un millón o más de nuevas úlceras y ha preparado el escenario para más guerras mundiales. Pero lo peor del caso es que la esfera más afectada y más perjudicada de todas ha sido el hogar. Estos breves versos caseros expresan la ruina y destrucción que la vida moderna filtra en los hogares:

> Su hogar es como la sopa,
> Es su caso un tanto aguado;
> La esposa está siempre jocosa
> Mientras el esposo se cuece nervioso.

Empero la Palabra de Dios nos dice: "Mas tenga la paciencia su obra completa, para que seáis perfectos y cabales, sin que os falte cosa alguna" (Santiago 1:4).

Supe de una señora, "cristiana profesante", que aunque buena persona en muchos aspectos, era muy impaciente. Un día el pastor de esta dama habló con su esposo sobre asuntos del alma, y el marido replicó: "Mi esposa es una mujer hacendosa, pero si la religión me hace tan impaciente como ella, no quiero ser religioso."

El ministro tuvo una sincera charla con la señora, que con lágrimas en sus ojos y humildad confesó que su pecado era el pecado de la impaciencia. Pocos días después su esposo regresó de pescar y al entrar a la sala con la caña en su mano, accidentalmente le pegó a un valioso jarrón que cayó al suelo hecho añicos. Su esposa entró corriendo al cuarto y él se preparó para la catilinaria que esperaba de su mujer; pero en su lugar, la esposa le dijo sonriendo: "No te preocupes, querido, los accidentes ocurren a las mejores familias."

No alargaremos la historia, sólo agregaremos que semanas después, el esposo hizo su profesión de fe en Cristo y se convirtió en decidido obrero de la iglesia. El había visto el cristianismo en marcha en la vida de su esposa.

El apóstol Pedro declara: "Asimismo vosotras, mujeres, estad sujetas a vuestros maridos; para que también los que no creen a la palabra, sean ganados sin palabra por la conducta de sus esposas, considerando vuestra conducta casta y respetuosa" (1 Pedro 3:1, 2).

La humanidad cree que el cristianismo es algo bueno; sin embargo, los cristianos frecuentemente se han olvidado de adornar la doctrina con las joyas de la mansedumbre y la paciencia.

"Bienaventurados los mansos, porque ellos recibirán la tierra por heredad." Unicamente los contritos, los humildes, y los que rendidamente dependen de Dios, pueden heredar la tierra de esplendor, regocijo y satisfacción.

Jesús dijo a Saulo: "Dura cosa te es dar coces contra el aguijón" (Hechos 9:5; 26:14). El aguijón a que se refiere, eran acicates colocados en garrochas con el fin de gobernar el paso del buey. No eran con el fin de causar daño al buey, sino de hacer útil y encauzar sus energías por senderos provechosos.

Muchos de vosotros quizá habéis dado coces contra el aguijón. Vuestra pugna tal vez no haya sido tan aguda contra los demás como pensáis, sino contra vosotros mismos. Dios no quiere que viváis en obstinada rebelión contra la vida, contra las aparentes injusticias, o contra los entuertos y agravios. El os ruega cesar en vuestros fútiles esfuerzos, que abandonéis los resentimientos, que rindáis vuestra voluntad para que practiquéis la bondad y la paciencia. Entonces seréis felices y los que os rodean verán a Cristo en vosotros y serán atraídos a él.

La mansedumbre no es cosa que podáis adquirir por vosotros mismos. No es algo que podáis aprender en el colegio o en un laboratorio. No es algo que podáis heredar. ¡Es un don de Dios! Jesús dijo: "Llevad mi yugo sobre vosotros, y aprended de mí, que soy manso y humilde de corazón; y hallaréis descanso para vuestras almas" (Mateo 11:29).

Felicidad y mansedumbre para ti

Vé a un establecimiento de venta de televisores y date cuenta de los aparatos en exhibición. Observa cómo algunos de ellos están en marcha ofreciendo las hermosas imágenes en color y sonido del más reciente programa. Otros, por el contrario, están oscuros, sin imágenes ni sonidos. Tus ojos se van a fijar, naturalmente, en los que están funcionando; no hay nada interesante en una oscura pantalla de televisión sin funcionar.

¿Cuál es la diferencia? Sólo una cosa: Unos están conectados a la fuente de poder y los otros no. Lo mismo sucede con nosotros. La verdadera mansedumbre no la podemos alcanzar aparte de Dios; necesitamos tener con él una relación viva.

Dios no hace acepción de personas. Cada uno puede tener su porción de felicidad; pues tenemos la misma capacidad para Dios que cualquier otro. No os quedéis atrás lamentando vuestra mala suerte, y vuestros malos negocios. Tomad el yugo de Cristo sobre vosotros, "y hallaréis descanso para vuestras almas" (Mateo 11:29).

Quizá digáis: "No puedo vivir esta vida, tengo miedo de fracasar en la carrera cristiana."

Tened en cuenta lo que dijo el Maestro: "Llevad mi yugo sobre vosotros." El yugo es de él, y podéis estar seguros de que él llevará la parte más pesada.

Antes de dejar a sus discípulos, Cristo prometió que enviaría a un Consolador para impartirles ayuda en las dificultades y tentaciones de la vida. La palabra *consolador* significa "uno que viene o está al lado de". Este Paracleto es el Espíritu Santo, la omnipotente y tercera Persona de la Santísima Trinidad. En el momento que nacemos de nuevo, él viene a hacer su morada dentro de nuestro corazón.

Puede ser que emocionalmente no nos percatemos de ello, pero nuevamente tenemos aquí que ejercitar nuestra fe. ¡Creámoslo! ¡Aceptémoslo como una realidad por medio de la fe! El está dentro de nuestros corazones para ayudarnos a ser mansos.

Se nos dice que este divino Paracleto es el que derrama el amor de Dios en nuestros corazones. El produce también los frutos del Espíritu, que son: "amor, gozo, paz, paciencia, benignidad, bondad, fe, mansedumbre, templanza" (Gálatas 5:22, 23). Somos incapaces de cultivar estos frutos en nuestro jardín. Pues son el producto de la obra sobrenatural del Espíritu Santo que mora en nuestros corazones.

¡Someteos a él . . . entregaos a su influjo . . . poned vuestra vida bajo su mando. Entonces, por medio de la mansedumbre que recibáis de él, encontraréis la felicidad!

5

La Felicidad del Hambre y la Sed

"Bienaventurados los que tienen hambre y sed de justicia, porque ellos serán saciados."

Mateo 5:6

"Dos verbos han creado dos grandes imperios", escribió Agustín de Hipona, "el verbo *tener* y el verbo *ser.*" El primero sugiere un imperio de bienes y posesiones materiales, y el segundo un imperio del espíritu y de lo perdurable.

La cuarta bienaventuranza de Cristo expresa una verdad conclusiva y central. Cuando él pronunció las palabras: "Bienaventurados los que tienen hambre y sed de justicia", se dirigió a la multitud. No era suficiente estar hambriento y sediento. Lo más importante era: "¿De qué estaba hambriento?"

La multitud, aquel día sofocante y caluroso de Palestina, representa a los hombres y mujeres en el gran desfile de los siglos. Lo que Jesús dijo aquel día, nos lo dice también a nosotros y a los hombres de todas las generaciones. La mayoría en aquella turbamulta, eran desheredados, tanto en lo espiritual como en lo social y económico, y su hambre física era voraz, aunque no al alto grado como lo eran sus apetitos y ansias espirituales. ¿Cuán "justa" es nuestra sociedad en su corazón?

69

Quizá un par de relatos procedentes de las noticias diarias nos ayuden a responder la pregunta.

Una sociedad enferma

Inclusive los médicos internistas del Hospital General de San Francisco quedaron pasmados cuando vieron las heridas del joven policía que ingresaba en una camilla. Su mejilla sangraba profusamente, se retorcía de dolor por el salvaje puntapié recibido en las ingles y su nariz aparecía rota a causa de una patada de un adolescente. Cuarenta minutos antes había intentado arrestar a dos maleantes embriagados en la calle Market del centro de San Francisco. De inmediato la gente se arremolinó.

"La gente estaba a nuestro alrededor burlándose de mí", informó el policía. "Cuando otros maleantes trataban de liberar a los arrestados, algunas personas sujetaron mis brazos. Uno de ellos me quitó el arma y permitieron que aquellos indeseables me pegaran. Algunos, inclusive, se unieron al ataque. Nadie me ayudó."

Con su mirada clavada en el techo, y más desconcertado que crítico, el policía se preguntaba asombrado: "¿Qué sucede con nuestra gente en estos días? Muchos de ellos reaccionan como si los policías fueran sus enemigos."

Aquel policía herido era la víctima de un mal que amenaza la paz de la nación. Existe un creciente menosprecio por la autoridad y la ley.

En Los Angeles, dos policías arrestaron a dos muchachos que alborotaban en un parque público de recreación. Los policías se vieron pronto rodeados de varios cientos de personas que los insultaban y amenazaban. Les arrojaron piedras, esgrimieron palos y volcaron sus automóviles.

La actitud hacia la policía es tan amenazante en Nueva York, que el jefe de policía de la ciudad ha organizado un equipo especial para dispersar grupos amenazantes y peligrosos que interfieren con el trabajo de la policía.

El trabajo de la policía es cada vez más peligroso. Sólo en la ciudad de Nueva York, cerca de mil quinientos agentes fueron atacados por la gente en las calles en un período de ocho meses. El jefe de la policía de Nueva York declaró en tono sombrío que "la policía no puede luchar contra el crimen y el público al mismo tiempo".

Muchas causas contribuyen a la formación de esta ola de crimen y desorden en la nación. Sin duda alguna, uno de los factores es la pobreza, pero otro elemento contribuyente se encuentra en los hogares.

Mucha de la falta de respeto por la autoridad hoy procede de una vida familiar desorganizada o indiferente. Los jóvenes reflejan las actitudes de sus padres. Aunque la inmensa mayoría de los estadounidenses quieren la ley, el orden, la paz y la seguridad, una minoría creciente y ruidosa es revolucionaria en su actitud. Nuestra forma democrática de gobierno está en peligro de ser subvertida, mientras que la actitud del gobierno, de la familia, de las iglesias y de los tribunales de justicia no sea predominantemente "justa". ¿Cuál es la respuesta a este problema?

Podréis proporcionar a los hombres libertad social y económica, pero si dejáis sin saciar su sed de Dios, se comportarán como bestias. Otead la prosperidad de la civilización occidental en el momento presente. Tenemos todo lo que puede proporcionar la era mecánica; y no obstante, el aburrimiento y la desdicha han alcanzado su más alto nivel, en tanto que la moral ha descendido a lo más bajo. Hay solamente una razón, nuestra hambre de Dios no ha sido satisfecha. Hemos amortiguado nuestra hambre y sustituido nuestra sed con el deseo de dinero, seguridad, fama y éxito.

Cierto matrimonio visitó un orfanato con el fin de adoptar un niño. En la entrevista que tuvieron con el muchacho que deseaban adoptar, le contaron en términos halagüeños de las muchas cosas que le podían ofrecer. Para su asombro, el pequeño contestó:

—Si ustedes no tienen otra cosa que ofrecerme que el buen hogar, vestidos, juguetes y otras cosas que la mayoría de los niños poseen, pues, prefiero quedarme donde estoy.

—¿Y qué más quisieras aparte de todas esas cosas? —preguntó la señora.

—Sólo deseo que me quieran —replicó el pequeñuelo.

¡Ya lo veis! Hasta un mozalbete sabe "que no sólo de pan vivirá el hombre" (Mateo 4:4; Lucas 4:4).

El corazón no puede satisfacerse con las muchas cosas que

hoy podemos conseguir. Fuimos creados "un poco menor que los ángeles" (Hebreos 2:7) y nuestras almas jamás podrán subsistir con las algarrobas del placer que el mundo proporciona. Nuestras aspiraciones y anhelos profundos sólo podrán ser satisfechos mediante la renovada comunión con Aquel a cuya imagen fuimos creados: Dios. Como Agustín de Hipona lo expresó: "Fuimos hechos para ti y nuestros corazones no hallan descanso hasta que no descansan en ti."

Felicidad en el hambre

"Bienaventurados los que tienen hambre y sed de justicia, porque ellos serán saciados."

Todos entendemos bien la metáfora que Jesús utilizó en esta ocasión: el hambre. Todos hemos experimentado alguna vez en la vida el dolor, el vahído y la sensación de desmayo que acompañan al hambre intensa. Sabemos lo que significa estarse abrasando de sed. Hemos visto en la televisión las terribles imágenes de madres escuálidas encorvándose sobre sus pequeños hijos con vientres hinchados y ojos hundidos, víctimas del hambre en Africa y en otras partes del mundo. De forma que nos llama naturalmente la atención cuando Cristo nos dice: "Bienaventurados los que tienen hambre y sed."

Pero, ¿qué bienaventuranza puede haber en el hambre y la sed?

Muy bien, por principio de cuentas, diremos que el hambre es una señal de vida. Los muertos no necesitan de alimento, ni tampoco de agua.

La Biblia afirma que la falta de sinceridad espiritual puede causar el endurecimiento del corazón como en el caso del Faraón egipcio. Este proceso es uno de los más peligrosos que pueden ocurrir dentro del alma. Es posible, a causa del pecado, endurecer vuestro corazón contra Dios a tal grado que perdáis todo deseo por él. Entonces la Escritura dice: "Dios los entregó" (Salmo 81:12; Romanos 1:24).

Si en vuestro corazón existe el más insignificante deseo y hambre de Dios y de su justicia, entonces este es un indicio seguro de que no está todavía demasiado endurecido para percibir la voz y el mensaje de Cristo. Estoy todavía vivo y sensible a la voz del Espíritu.

Los que no tienen ansias de Dios ni afán de conocer a

Cristo, o sed por las cosas del Espíritu, no sólo están muertos en delitos y pecados, sino que se han hecho insensibles a las insinuaciones del Espíritu de Dios. Están como los muertos y se encuentran en peligro de permanecer en un estado de estupor espiritual que eventualmente conducirá a la muerte eterna.

Una persona me contó en una ocasión cómo casi se había congelado de muerte allá en el Polo Norte. Sus manos perdieron toda sensación, y sus pies se le entumecieron, mientras él sentía deseos irresistibles de permanecer tirado sobre la nieve y dormirse. Se dio cuenta de que estaba por morir de frío. Entonces saltó y corrió fuertemente hasta que su circulación, estimulada por el ejercicio lo hizo volver a la normalidad. Si en el acto no se hubiera dado cuenta de que la muerte lo asechaba y no hubiera actuado como lo requería el momento, se hubiera congelado y muerto irremisiblemente.

Bienaventurados los que responden a las admoniciones del Espíritu. Sólo ellos tienen esperanza de ser saciados.

Un hombre hambriento es un ser normal. Los que están enfermos, trastornados o que padecen algún achaque, se rehúsan a tomar alimento; pero la persona normal apetece y pide comida. En este sentido, hay bienaventuranza en el hambre, porque es una reacción natural.

La persona normal tiene también hambre espiritual, aunque ella no la llame de esa manera. Quizá piense que la ha satisfecho, pero aparte de Dios no hay adecuada satisfacción de nuestra hambre y sed espirituales. David dijo: "Como el ciervo brama por las corrientes de las aguas, así clama por ti, oh Dios, el alma mía" (Salmo 42:1).

Isaías expresó: "Con mi alma te he deseado en la noche, y en tanto que me dure el espíritu dentro de mí, madrugaré a buscarte; porque luego que hay juicios tuyos en la tierra, los moradores del mundo aprenden justicia" (Isaías 26:9).

Cada uno de nosotros fuimos creados a la imagen de Dios, hechos para él, y vuestro corazón jamás podrá estar satisfecho sin su comunión. Así como el hierro es atraído hacia el imán, así también el alma hambrienta es atraída a Dios, aunque vosotros, como muchos otros, podáis sentir en vuestra condición pecaminosa que el mundo es muy seductor y muy de vuestro agrado, algún día, y quizá ahora mismo al leer estas palabras, reconoceréis que dentro de vosotros, muy recóndito, existe algo que no puede satisfacerse con las cosas terrenales.

Entonces, justamente con el salmista David que al saborear los deleites del pecado, los encontró repugnantes, diréis: "Dios, Dios mío eres tú; de madrugada te buscaré; mi alma tiene sed de ti, mi carne te anhela, en tierra seca y árida donde no hay aguas" (Salmo 63:1).

La dificultad con muchos de nosotros estriba en que hacemos de la felicidad nuestro objetivo, en vez de poner la mira en algo más elevado, más excelso, más noble. La desdicha es como el dolor; un síntoma o efecto de lo que hay subyacente. El dolor no podrá eliminarse hasta atacar su causa primordial. El dolor y la enfermedad marchan hombro con hombro, la enfermedad es la causa, y el dolor es el efecto.

La infelicidad es un efecto, y el pecado es la causa. El pecado y la desdicha van de la mano. Todo era dicha y ventura en el huerto del Edén hasta que el pecado hizo su intromisión. Entonces la dicha se esfumó porque los dos no pueden existir juntos.

Hambre de justicia

¿Cuál es esa justicia que hemos de desear? La justicia a la que Jesús aludía en la cuarta bienaventuranza, ¿será una experiencia religiosa?, ¿o algún éxtasis misterioso que sólo experimentan unos pocos propensos a emociones cataclísmicas y a sensaciones espirituales?

Cualquier clase de experiencia religiosa que no produce rectitud en nuestra vida es una falsificación y no merece la pena seguirla. Hoy nos encontramos con toda clase de cultos y filosofías que proclaman tener el poder de cambiar y mejorar nuestras vidas, pero no pueden sostener lo que afirman porque no tienen poder para cambiar el corazón humano. En el peor de los casos terminan esclavizando a sus adherentes. Pero la voluntad de Dios es que seamos rectos en nuestra manera de vivir. Dios es santo y todo el plan de la redención tiene como meta la santidad. El apóstol Pedro declara que Cristo "llevó él mismo nuestros pecados en su cuerpo sobre el madero, para que nosotros, estando muertos a los pecados, vivamos a la justicia" (1 Pedro 2:24).

La clase de experiencia religiosa que no produce rectitud en la vida no vale la pena buscarla. Yo sería el último en menospreciar la importancia de una experiencia religiosa sólida. Empero, las demostraciones religiosas que no producen en nosotros una conducta mejor y un carácter más semejante al de Cristo, no servirán para nada útil y harán más daño que bien. Dios es un Dios santo, y todo el designio de la redención tiene como objetivo la santidad.

Tampoco la justicia a que Jesús se refería es una ejecución mecánica y superficial de ritos religiosos. Jesús nos enseña la futilidad de aferrarse a teorías religiosas desligadas de la práctica: "Porque os digo que si vuestra justicia no fuere mayor que la de los escribas y fariseos, no entraréis en el reino de los cielos" (Mateo 5:20).

Tampoco la justicia es una moral abstracta y especulativa como la que prevalece en nuestros días. Muchas personas condenan el pecado en el tejado ajeno, pero jamás lo reconocen en sus propias vidas. Lo condenan en el gobierno y en la sociedad, pero no lo condenan en sus propios corazones.

Ante Dios es tan pecador el individuo que quebranta los lazos del matrimonio, como la nación que quebranta un pacto.

La naturaleza de la justicia

¿Cuál es la justicia de la que Jesús nos dijo deberíamos tener hambre? La Biblia nos dice que Dios es un ser santo y puro. El no puede tolerar el pecado. No obstante, el hombre ha preferido hacer caso omiso de las leyes y normas divinas; y como resultado de sus transgresiones, se ha merecido el título de "pecador". El pecado quebranta de inmediato su relación con Dios y lo hace injusto, impuro y transgresor ante el Creador. Un Dios santo no puede tener compañerismo con lo que es profano, impío y amoral. El pecado, pues, rompe las relaciones con Dios. En la Biblia al hombre se le llama "extranjero", "enemigo" de Dios y transgresor de la Ley divina. La única forma en que el hombre puede renovar la comunión con Dios y encontrar la felicidad que anhela, es procurar una justicia y una santidad que lo recomienden a Dios.

Muchos han procurado corregirse para obtener el favor de Dios. Algunos se han mutilado o torturado sus cuerpos, pensando que así ganarán el favor divino; otros, en cambio, han pensado que si hacen muchas obras buenas y observan una conducta moral, de algún modo podrán justificarse a sí mismos.

Mas la Biblia enseña que toda nuestra justicia es incapaz de cumplir con las normas divinas, y que lo mejor de nosotros es como trapos de inmundicia delante de Dios. No hay ni remota posibilidad de que nosotros podamos fabricar una justicia, una santidad o una bondad que pueda satisfacer a Dios. Lo mejor que tenemos es impuro ante él.

Recuerdo lo que un día sucedió, cuando mi esposa se encontraba lavando. La ropa lucía blanca y limpia dentro de la casa, pero cuando la tendió afuera realmente aparecía manchada y sucia, comparada con la albura inmaculada de la nieve que había caído.

Nuestras vidas pueden parecer en ocasiones moralmente buenas y decentes; pero en comparación con la pureza y santidad de Dios, somos inmundos y asquerosos.

Sin embargo, a pesar de nuestros pecados y turbiedad moral, Dios nos ama. El decidió equiparnos de justicia, y por este motivo dio a su Hijo Jesucristo para que muriera en la cruz.

¿Os habéis puesto a pensar, por qué la cruz se ha convertido en el símbolo del cristianismo? Es que en ella Jesús adquirió nuestra redención y nos abasteció de la justicia que nosotros no podíamos obtener. "La dádiva de Dios es vida eterna en Cristo Jesús Señor nuestro" (Romanos 6:23). Dios proveyó mediante la fe en la muerte expiatoria y la resurrección de su Hijo, una justicia imputada para todos los que deseen recibirla.

Esto significa que Dios perdona todos los errores y pecados pasados. El borra bien la pizarra de nuestra vida. El quita nuestros pecados y los arroja en lo profundo de la mar, alejándolos de nosotros, tan distantes como el oriente del occidente.

Para usar otra ilustración de la Biblia: En nuestro estado natural estamos vestidos de harapos mugrientos a causa de nuestros pecados y en esa condición no podemos entrar a la presencia de Dios, nuestro Rey. Pero en Cristo, Dios nos quita nuestras vestiduras sucias y nos viste con ropas nuevas, con la vestidura pura y blanca de Cristo. Como lo proclama el viejo himno:

> Cuando él venga otra vez
> Con él yo quiero siempre estar,
> Vestido de su santo amor,
> Sin culpa alguna, junto a él.

Nuestro Dios olvida

El Dios omnipotente tiene una rara habilidad que los humanos no poseen: es la habilidad de olvidar. ¡El Dios de la gracia olvida nuestros pecados y los aparta por completo de su memoria para siempre! El nos hace aparecer ante su presencia como si nunca hubiéramos cometido un solo pecado.

En el lenguaje teológico a esto se le llama *justificación*. La Biblia dice: "Justificados, pues, por la fe, tenemos paz para con Dios por medio de nuestro Señor Jesucristo" (Romanos 5:1).

No existe posibilidad de una dicha verdadera hasta que iniciemos la amistad y el compañerismo con Dios. Y no hay posibilidad de iniciar esa amistad fuera de la cruz de su Hijo Jesucristo. Dios dice: "Yo os perdono, pero solamente al pie de la cruz." El dice: "Amistaré con vosotros, pero únicamente al pie de la cruz." Por esta razón se hace necesario que nos acerquemos a la cruz en arrepentimiento de pecados y poniendo nuestra fe en su Hijo para encontrar el perdón y la salvación.

La meta de la justicia

Como hemos notado, cuando vamos a Cristo, Dios nos imparte su justicia. Es como si hiciera un asiento contable a nuestro favor en los libros del cielo, declarándonos justos por amor de Cristo.

Al allegarnos a Cristo por la fe y recibirle como nuestro Salvador, nuestra "hambre y sed de justicia" no acaba. Mis pecados han sido limpiados y mi salvación asegurada en Cristo, pero yo sé que dentro de mi alma todavía hay pecado. Mis motivos no son puros, mi lengua no ha sido domada, mi amor por otros no ha sido brillante. La voluntad de Dios para nosotros es que esto cambie y que podamos exhibir en nuestras vidas la justicia de Cristo. "Así alumbre vuestra luz delante de los hombres, para que vean vuestras buenas obras, y glorifiquen a vuestro Padre que está en los cielos" (Mateo 5:16).

A veces me he encontrado con personas que hacía poco se habían convertido y me han dicho que pensaban que quizá después de todo nunca habían sido cristianas. Cuando les he preguntado por qué, me han respondido que después de su decisión por Cristo todo fue maravilloso durante unas semanas, pero que no tardando mucho habían caído otra vez en pecado.

Pensaban, equivocadamente, que si eran cristianos ya no volverían a pecar nunca más. Pero eso no es cierto, pues mientras tanto que estamos en la carne estaremos enzarzados en guerra continua contra el pecado en nuestras vidas.

No es la voluntad de Dios que continuemos en pecado, y de hecho, si nos mostramos indiferentes a la presencia del pecado en nuestras vidas, la Biblia nos indica que realmente no conocemos a Cristo. Por el contrario, debemos mostrar que tenemos "hambre y sed de justicia" y que proseguimos en pro de la justicia y de la pureza con la ayuda de Dios, de manera que nuestras vidas sean crecientemente a la semejanza de Cristo.

La justicia es algo que nosotros no poseemos como don natural; es un don del cielo que debe recibirse de modo especial. Es un pedacito de gloria traído a la tierra. La justicia del Dios hecho hombre se nos imputa a nosotros en justificación y en santificación, siendo a la vez implantada progresivamente en el corazón del creyente. Dios mismo comparte con nosotros su naturaleza por medio de este proceso, y así somos hechos participantes de la vida divina.

Dios dice que únicamente los que tienen hambre serán saciados. El no está dispuesto a arrojar el maná celestial a nadie que no lo quiera. Necesitáis desearlo, tenéis que ansiarlo. Vuestra avidez de Dios ha de sobrepasar a todas las otras. Ha de ser "hambre canina" y sed abrasadora.

Existen varias cosas que pueden echar a perder vuestro apetito por la justicia de Dios.

Piedras de tropiezo en el camino hacia la justicia

En primer lugar: *El placer pecaminoso* puede arruinar vuestro apetito por las cosas divinas.

Pablo tenía un joven colaborador en el evangelio llamado Demas; mas por su apetito de placeres mundanos que era mayor que su sed de Dios, sabemos ahora muy poco del joven Demas. El Apóstol escribió toda su biografía en ocho palabras: "Porque Demas me ha desamparado, amando este mundo" (2 Timoteo 4:10).

Muchos de nosotros tenemos ganas de lo espiritual porque nos encontramos enfrascados en los placeres perversos del mundo. Hemos engullido demasiados antojitos satánicos.

Una vez escuché la historia de un hombre que iba por un

sendero camino del mercado y seguido de un cerdo. Los demás campesinos luchaban fatigosamente para llevar sus cerdos al mercado. Un amigo le preguntó qué hacía para lograr que el animal lo siguiera, a lo que el hombre respondió: "Es muy sencillo. A cada paso que doy arrojo un frijol y al puerco le gustan los frijoles."

Satanás va a lo largo del camino de la vida arrojando sus frijoles, y nosotros lo seguimos a la eterna perdición.

Nuestros pecados pueden ser evidentes y estar a la vista de todos o pueden ser sutiles y tener apariencia respetable. Quizá estamos preocupados con las cosas materiales, las cuales, aunque no son malas en sí mismas, nos atrapan de tal manera con sus tentáculos que ahogan en nosotros el hambre y la sed de justicia. Podemos estar preocupados por nuestra carrera o educación, o por cientos de otras cosas que pueden apagar nuestro apetito por Dios y su justicia.

En segundo lugar: *La jactancia* puede menoscabar vuestra hambre de Dios.

Nadie está tan vacío como el que se cree lleno. Nadie está tan enfermo como el que padece un mal incurable y, sin embargo, piensa que goza de perfecta salud. Ninguno está tan pobre como el que se cree rico y está en bancarrota.

La Biblia asienta: "Porque tú dices: Yo soy rico, y me he enriquecido, y de ninguna cosa tengo necesidad; y no sabes que tú eres un desventurado, miserable, pobre, ciego y desnudo" (Apocalipsis 3:17).

El que está lleno de sí, no tiene lugar para Dios en su vida. La presunción puede arruinar vuestro apetito por las cosas de Cristo.

En tercer lugar: *El pecado secreto* puede quitaros el hambre por la justicia de Dios.

El pecado secreto que habéis cometido ha costado algo. Pensabais escaparos, pero el remordimiento ha quedado en vuestra conciencia. ¡Allí están aquellos resquemores que abrigasteis en vuestro pecho contra el vecino! ¡Allí está también la actitud de no perdonar a los que os han ofendido! Cuando el corazón está lleno de maldad, no queda lugar para Dios. Los encelamientos, las envidias, los prejuicios y las malas intenciones pueden inhibir vuestro apetito por las cosas del Espíritu.

Judas era uno de los doce discípulos, exteriormente era un

diligente seguidor de Cristo. Pero él toleró el mal en su corazón y esto le llevó a traicionar a Cristo y después al suicidio. El rey Saúl exteriormente parecía celebrar la llegada del joven David a su palacio, pero su corazón estaba lleno de amargura y celos. Aquellos pecados secretos le consumían interiormente y terminaron por destruirle.

Cuando vuestra vida está repleta de las algarrobas, de las preferencias y los desprecios del resentimiento, no podréis tener sed de justicia. Si permitís que vuestro corazón sea insuflado de raciones satánicas, no podréis apetecer el maná celestial.

En cuarto lugar: *El descuido de vuestra vida espiritual* puede robar vuestro apetito por la justicia de Dios.

Todos los cristianos creen en Dios, pero muchos de ellos le dedican muy poco tiempo. Están demasiado ocupados en los quehaceres de la vida cotidiana para consagrar tiempo a la meditación de las Escrituras Sagradas, a la oración y al servicio de sus semejantes. Muchos han perdido el celo y el entusiasmo del discipulado.

Si les preguntáis: ¿Sois cristianos?, quizá respondan: "Supongo que sí", "creo que sí". Tal vez asistan a la iglesia en domingo de Pascua, Nochebuena o en ocasiones especiales; pero en otra forma no dedicarían tiempo a Dios, porque lo han eliminado de sus vidas.

La Biblia nos advierte contra el descuido de nuestras almas. Es muy posible endurecer el corazón y agotar el alma al grado de perder el apetito por las cosas divinas. Como la persona que rehúsa comer y poco a poco se va debilitando hasta que muere, así también la persona que "está demasiado ocupada" para atender las cosas de Dios se debilita y eventualmente se secará espiritualmente.

El hambre que debéis ansiar es un deseo incesante de estar bien con Dios. Es un conocimiento que toda pesquisa por la paz del corazón, será inútil sin él; es una aceptación de vuestra futilidad e incompetencia para auxiliaros a vosotros mismos, y una completa capitulación de vuestro ser a su divina voluntad.

Con Pedro, que se paró sobre las olas de la presunción sólo para descubrir que no lo podían sostener, nosotros clamamos: "¡Señor, sálvame!" (Mateo 14:30).

Y con el hijo pródigo, que saboreó las golosinas del demonio en la provincia lejana, nosotros también descubrimos que las algarrobas del mundo llenan, pero no satisfacen. Y al darnos cuenta de nuestra verdadera necesidad, pudimos exclamar: "Padre, he pecado contra el cielo y contra ti . . . hazme como a uno de tus jornaleros" (Lucas 15:18, 19).

El regreso del hijo pródigo comenzó en la pocilga cuando dijo: "¡Cuántos jornaleros en casa de mi padre tienen abundancia de pan, y yo aquí perezco de hambre!" (Lucas 15:17). En el mismo instante en que principió a tener hambre, Dios comenzó a "aderezarle la mesa" para el festín espiritual. Sus más profundas ansias y anhelos no eran de comida sino de reconciliación con su padre. Lo primero que dijo fue: "Padre, he pecado contra el cielo y contra ti. Ya no soy digno de ser llamado tu hijo . . ."

Nuestras ansias tampoco han de ser en sí de bendiciones, de experiencias, o aun de respuestas a nuestras plegarias, ya que éstas vendrán como resultado de la reconciliación con nuestro Padre celestial.

Dios, a semejanza del padre de la parábola, dice a todos los que tienen hambre y sed de justicia: "Hijo, todas mis cosas son tus cosas."

Empero, la clave de la satisfacción espiritual está en entrar en buenas relaciones con Dios; cuando por fe entremos a la casa del Padre, las riquezas de Dios serán nuestras riquezas; su abundancia, la nuestra y su poder, el nuestro. Una vez establecida la relación correcta entre Dios y nosotros, la bienaventuranza, la satisfacción y la tranquilidad mental, serán el resultado natural de esa restauración.

La diferencia entre creer y recibir

Quizá me preguntéis: "¿Cómo puedo empezar? ¿Qué debo hacer?"

Jesús dijo: "Arrepentíos." La palabra "arrepentimiento" significa "volverse", "cambiar de opinión", "regresar", "tornarse".

En muchos sentidos la conversión es un misterio. Desde nuestro punto de vista como humanos es a la vez la obra de Dios y del hombre. Nuestra parte es volvernos a Cristo en fe y arrepentimiento, alejarnos de nuestros pecados y pedirle a él que venga a nuestro corazón por la fe. Expresamos nuestro deseo de cambiar el curso de nuestra vida y reconocemos nuestra incapacidad para hacer esto sin la ayuda de Dios. Nos some- temos a vivir en concordancia con la voluntad de Dios. Cuando así lo hacemos, Dios en la persona del Espíritu Santo viene a morar en nosotros. Si nuestra dedicación a Dios es genuina, él obra en nuestros corazones para regenerarlos. Es entonces cuando somos verdaderamente convertidos y hemos nacido de nuevo por medio del Espíritu Santo.

Muchos objetarán de inmediato: "Yo creo en Jesucristo, en la iglesia, en la Biblia; ¿no es suficiente todo esto?"

No, amigo mío. Tenemos que recibir a Jesucristo.

Suponed que me dirijo al aeropuerto previo arreglo de mi reservación. El avión se encuentra ya en la rampa, y es un poderoso tetramotor; por lo que estoy seguro que me conducirá al lugar de mi destino. Se anuncia el vuelo tres veces, pero se me pasa subir a bordo y, entretanto, se cierra la puerta. El avión arranca, corre y despega, pero yo no me encuentro en él. ¿Por qué? Ah, claro, yo creía en el aeroplano, ¡pero descuidé abordarlo!

¡Ahí está la cosa! Creéis en Dios, en Cristo, en la Biblia y en la iglesia, pero habéis omitido el recibirlo en vuestro corazón. Vuestra creencia fue impersonal y especulativa; de hecho no confiasteis en él.

En el momento que lo aceptamos, su Palabra dice que nacemos de nuevo. La naturaleza de Dios penetra en vuestra alma convirtiéndoos en hijos de Dios, en plena relación espiritual con el Padre.

A esto llamaríamos "la relación vertical", o sea la afinidad perpendicular entre Dios y el hombre. Este es, en lo absoluto, el primer paso hacia la felicidad. No hay para qué seguir leyendo el resto de este libro hasta que estéis completamente seguros del arrepentimiento de vuestro pecado, de haber aceptado a Cristo y nacido de nuevo, ya que la relación vertical debe preceder a la "horizontal".

Nuestro sostenimiento, habilitación y fuerza vienen de arriba. El hombre es como un tranvía o trolebús, que tiene que estar conectado verticalmente (de arriba) antes de que pueda moverse horizontalmente. Debemos estar en buenas relaciones con Dios, antes de que podamos estar bien con los hombres. Y si esto es verdad, lo es también en sentido inverso, si estamos mal con Dios, lo estaremos asimismo con los hombres.

Existe en música una ley que expresa: "Dos instrumentos afinados en el mismo tono, son acordes el uno con el otro." Una ley similar se aplica en matemáticas: "Dos cantidades iguales a otra son iguales entre sí."

Así que, dos personas en armonía con Dios, tendrán afinidad entre sí. Dos individuos que aman a Cristo, mutuamente se amarán.

Hay otro aspecto de esta justicia por el cual también debemos sentirnos hambrientos; me refiero al deseo de vivir una vida victoriosa aquí sobre la tierra.

En el momento en que recibo a Cristo como Señor y Salvador, él, por medio del Espíritu Santo, viene a morar en nuestro corazón. Las Escrituras dicen: "Cristo en vosotros, la esperanza de gloria" (Colosenses 1:27). Quizá no podáis verlo con el ojo físico o sentirlo, pero allí estará de todas maneras; tenemos que aceptarlo por la fe.

Este aspecto de la justicia por el cual hemos de estar ansiosos, se llama en el lenguaje teológico *santificación*. ¡No os asuste el término! Pues realmente significa "separado" o "limpio". En cierto sentido la santificación es instantánea. Al momento que recibís a Cristo como Salvador, el Espíritu Santo viene a vuestro corazón.

Por otra parte, la santificación también es progresiva, porque crecemos en la gracia y en el conocimiento de nuestro Señor Jesucristo. El ser cristiano es algo más que la conversión instantánea; es un proceso diario por el cual crecemos para ser más y más semejantes a Cristo. Al iniciarnos, comenzamos como niños y debemos alimentarnos de los manjares sencillos de la Biblia. Debemos aprender a caminar gradualmente en la vida cristiana. En su delicioso libro *The Dean's Watch*, Elizabeth Goudge describe una parte del peregrinaje espiritual de la señorita Montague: "Hasta el presente sólo había leído la Biblia como un ejercicio piadoso, pero ahora la leía de la misma manera que un ingeniero lee un plano o un viajero un mapa. Sin mucha expresividad emocional, pues ella no era emotiva, pero con la profunda concentración de aquel que sabe que su vida depende de su lectura, poco a poco, a lo largo de los años, ella empezó a ver cada cosa en su lugar." Al principio cometeremos errores, pero debemos esforzarnos por crecer cada día que pasa.

Los peligros del estancamiento espiritual

A pesar de todo, hay muchos que han dejado de crecer y permanecen bebés espirituales durante toda la vida. Me temo que esta experiencia sea muy común en la actualidad. Quizá sea la vuestra.

¿Recordáis el día cuando entregasteis a Cristo el corazón y la vida? ¡Estabais seguros de la victoria! ¡Cuán fácil os parecía el ser más que vencedores por medio de Aquel que nos amó! ¿Cómo podríais soñar en capitulación bajo la jefatura del Capitán que jamás conoció derrota?

Con todo, ¡cuán diferente ha sido la realidad para muchos de vosotros! ¡Vuestras victorias han sido muy contadas y efímeras, pero vuestras huidas muchas y desastrosas! No habéis vivido como los hijos de Dios tienen que vivir.

La señora Ana Whitehall Smith nos recuerda en su libro *El secreto del cristiano para una vida feliz:* "Quizá pudisteis entender fácilmente las verdades doctrinales, pero tal vez no os hayáis posesionado de su claridad y virtud. En vuestra vida, Cristo es aceptado, nombrado y servido, pero no llena vuestro corazón hora tras hora. Encontrasteis a Cristo como vuestro Salvador de la pena del pecado, mas no lo habéis descubierto como el todo suficiente Salvador de la fuerza del pecado. Tal vez el gozo y la emoción de una experiencia cristiana se han esfumado ya de vuestra vida."

Posiblemente quede tan sólo un rescoldo de lo que antes era un fuego cuando Cristo penetró a vuestra vida. En lo profundo de vuestro corazón os dais cuenta de que vuestra experiencia no está a la altura de lo que la Biblia nos pide. A través de los años parece que todo el fruto de vuestro cristianismo son fracasos y derrotas. A una hora fracasáis, y la siguiente recapacitáis y comenzáis de nuevo, para volver a fracasar.

El vigor de la iglesia primitiva

En las Escrituras Sagradas leemos que la iglesia apostólica estaba llena del poder del Espíritu Santo. Los cristianos no tenían templos, Biblias, automóviles, aeroplanos, trenes, televisión ni radios. No obstante, ellos trastornaron al mundo para Cristo, e iniciaron una revolución espiritual que sacudió los fundamentos del Imperio Romano. Eran jóvenes vigorosos y estaban llenos de virilidad y pujanza. Diariamente vivían sólo para Jesucristo, y afrontaban gozosos la persecución y aun la misma muerte por causa de su fe. ¿Cuál era el secreto de su éxito, inclusive frente a la oposición y la muerte? Una razón era, sin duda alguna, que tenían hambre y sed de justicia. Y todos aquellos que entraron en contacto con los cristianos quedaron impresionados por la calidad y pureza de sus vidas y de su amor.

La razón por la cual falsas filosofías y religiones han hecho tan tremendas incursiones en nuestro mundo, es porque en algún lugar del frente de batalla, los que debieran haber vivido una vida cristiana han fracasado. Hemos dejado de vivir de acuerdo con las normas y postulados que Jesús estableció. Si queremos vivir para Cristo debemos estar deseosos de estimarlo todo como si "fuera estiércol". Debemos ser tan dedicados, tan comprometidos en la fe y tan deseosos de sacrificarlo todo, como lo son los seguidores de las religiones falsas.

Las muchedumbres de no creyentes se confunden al darse cuenta de la lucha que existe entre los diferentes cuerpos religiosos. En lugar de una iglesia dinámica, creciente, vigorosa, enérgica y Cristocéntrica, contemplamos grupos divididos por luchas, pequeñeces, mezquindades, celos y pereza espiritual. Entre tanto, el mundo se encuentra al borde del desastre.

La urgente necesidad dentro del cristianismo actual es de más cristianos que aprendan diariamente el secreto de la rededicación total y diaria a Cristo.

El propio apóstol Pablo habló acerca de esta batalla y del deseo de agradar a Dios, pero dentro de sí no pudo encontrar la fuerza para lograrlo. Lo que él no quería hacer, hacía; y lo que quería hacer, no lo hacía. Orillado casi a la locura, Pablo exclama: "¡Miserable de mí! ¿quién me librará de este cuerpo de muerte?" (Romanos 7:24).

Y en el versículo que sigue, Pablo mismo responde a la pregunta tan desconcertante que otrora se hacía: "Gracias doy a Dios, por Jesucristo Señor nuestro" (Romanos 7:25).

Cristo puede ser vuestro libertador.

Muchos de vosotros preguntáis: ¿Por qué yo, como cristiano, hago cosas que no debo hacer? ¿Por qué no puedo hacer las cosas que debiera hacer?

Muchos de vosotros pronunciáis el nombre de Cristo, pero vivís en constante derrota. Tenéis manos impuras, labios inmundos, lenguas sucias, pies presurosos al mal, pensamientos sórdidos y corazones impúdicos; con todo, afirmáis que sois cristianos. Invocáis a Cristo, vais a la iglesia, os esforzáis por orar, y a pesar de todo reconocéis que hay cosas dentro de vuestra vida que no van bien; ya que no tenéis la completa y persistente victoria que se promete en las Escrituras, no hay fulgor en vuestro rostro. La agilidad en vuestro paso se ha perdido. Y el fuego de vuestra alma se ha extinguido.

Sin embargo, al observar en torno de vosotros, veréis que hay personas viviendo diferente de las demás. Ellas llevan los frutos del Espíritu, en tanto que vosotros sólo alcanzáis pedacitos de victoria. De vez en cuando veréis amanecer un nuevo día cuando parece que vais a triunfar sobre la tentación; pero al poco tiempo resbaláis para seguir la rutina de la vida vieja, continuando así con hambre y sed de justicia.

Existen otros cristianos que realmente nunca han aprendido la verdad bíblica de la separación: La separación de pensamientos y hábitos impuros.

En cambio, algunos han aprendido realmente muy poco acerca de la vida devocional diaria.

Rendición y devoción

Hace tiempo, un policía me preguntó cuál era el secreto de la vida victoriosa. Yo le contesté que no existe una fórmula mágica para ello. Mas si acaso hay una palabra que pudiera describirla, ésta sería *sumisión*. En segundo término podríamos añadir *devoción*.

Nada puede substituir a las devociones cotidianas con Cristo. El gran misionero Hudson Taylor dijo: "No te preocupes por cuán grande sea la presión, sólo de dónde se ejerce la presión. Nunca permitas que se ejerza entre tú y el Señor, así cuanto *mayor* sea la presión más te *presiona* contra su corazón." Nuestra hora quieta, nuestro tiempo de oración, nuestra hora de estudiar la Palabra de Dios, son absolutamente esenciales para una vida cristiana radiante. No podemos ser cristianos varoniles, dinámicos y venturosos sin un cotidiano caminar con Cristo.

Desafortunadamente, aun entre cristianos la conversación gira en torno a cosas baladíes. Podemos ser pródigos en conversar acerca de eventos deportivos de nuestros equipos predilectos, pero difícilmente hacemos comentarios sobre Juan 3:16. Al charlar con nuestros amigos de la iglesia conversamos de "mi hogar", "mi carro", "mi televisión"; pero desgraciadamente olvidamos las cosas de Dios.

Si un individuo enfermo de gravedad tropezara y cayera junto a nuestra puerta, seríamos incapaces de guiarlo a Jesucristo para que arreglara sus problemas espirituales.

Nuestros talentos del espíritu se han empobrecido; y de aquí que la conversación trillada es tan común entre nosotros. La charla habitual al encontrarnos, ya sea en la oficina, en el colegio, o en el taller, debe girar en torno a las cosas de Dios. Debiéramos hacer intercambio de bendiciones espirituales e ideas adquiridas en nuestra cotidiana lectura de la Biblia.

No es suficiente que nos hayan confirmado o que hayamos hecho nuestra profesión de fe en Cristo delante del predicador, creyendo que así podremos continuar la marcha con éxito por el resto de nuestra vida, al calor de esas experiencias pasadas. Como humanos que somos, tenemos que regresar para renovar nuestros votos y pactos con Dios. De vez en cuando tenemos que hacer inventarios y auditorías espirituales.

Pasos hacia la rendición

Cristo llama a los cristianos a más purificación, dedicación, consagración y rendición de la vida. Sólo así sabremos la diferencia entre éxito y fracaso en la vida espiritual; la diferencia entre ser socorridos y socorrer a otros; la diferencia en nuestros hábitos de oración, de estudio de la Biblia; de dar, de testificar y de trabajar en la obra. Nos encontramos en una hora de decisión.

Mas algunos me preguntarán: "¿Cómo podremos empezar?" Yo sugiero que penséis en todos los pecados que habéis cometido: haced una lista de todos ellos. En seguida, confesadlos, y dadlos de baja, acordándoos de que Jesús los perdona. La Palabra de Dios dice: "Si confesamos nuestros pecados, él es fiel y justo para perdonar nuestros pecados, y limpiarnos de toda maldad" (1 Juan 1:9).

Además, pídele a Dios que te limpie de aquellos pecados que ignoras, o que te haga más sensible a la presencia de los pecados ocultos en tu vida: Motivos erróneos, actitudes, hábitos, relaciones y prioridades equivocadas. Bien puede suceder que tengas que hacer una restitución, si es que has robado algo o quizá tengas que ir a buscar a alguien y pedirle perdón por el daño que le hiciste.

Después de confesar todo pecado de que tengáis memoria, rendid todo vuestro ser a él. Rendidle vuestra novia, vuestro amigo, vuestra familia. Sometedle vuestro negocio, vuestra carrera, vuestras ambiciones, vuestra alma y aun los pensamientos más recónditos y profundos de vuestro corazón. ¡Sometedlo todo a Cristo! ¡Nada retengáis!

¡Tomad vuestros ojos, vuestros oídos, vuestras manos, vuestros pies, vuestros pensamientos y vuestro corazón, y entregadlos a él completamente, sin reservas! Después, por la fe, confiad en que Dios ha aceptado vuestra capitulación.

El apóstol Pablo dijo: "Con Cristo estoy juntamente crucificado, y ya no vivo yo, mas vive Cristo en mí" (Gálatas 2:20).

Podemos pensar que verdaderamente hemos muerto al pecado, pues la Biblia nos asegura que en todas estas cosas somos más que vencedores por medio de Aquel que nos amó.

El secreto de la rendición

He tenido el privilegio de conocer lo que signfica transitar con Cristo a lo largo del camino. ¡Cuánta emoción y cuánta dulzura se siente al despertar por la mañana y darse cuenta de que su presencia inunda nuestra alcoba! ¡Cuán enternecedor y deleitable es también pensar a la caída de la tarde que la paz de Dios nos acompaña a nuestro lecho y que podemos dormir como pueden hacerlo únicamente los que conocen a Cristo! ¡Cuán deleitable es poder andar en una eterna y perenne comunión con Cristo!

> En cada mañana Dios está,
>   De modo que vivo hoy
> Seguro de encontrar en el alba
>   Su fuerza y dirección,
> Poder cuando me siento débil,
>   Esperanza en todo dolor,
> Consuelo para cada tristeza,
>   Y después de la lluvia, sol.
>
> —Anónimo

Y también sé lo que significan las caídas. Como dijo Alexander Whyte, el gran ministro evangélico escocés: "La perseverancia de los santos consiste en continuos nuevos comienzos."

¿Sentís vosotros ansias de transitar por ese camino? ¿Anheláis ese placer, esa paz, ese contento, esa sumisión y esa ventura para vuestras almas? ¿Deseáis producir el fruto del Espíritu que es "amor, gozo, paz, paciencia, benignidad, bondad, fe, mansedumbre, templanza?" (Gálatas 5:22, 23). Tú puedes si permaneces en Cristo como los pámpanos permanecen en la vid.

Recordad primeramente, que la vida cristiana se vive mediante "Cristo en nosotros". No obstante, si él no posee la totalidad de nuestro ser, es imposible que podamos disfrutar de una experiencia cristiana feliz. Cuando él es dueño absoluto, nos llena hasta rebosar, y produce en nosotros los frutos del Espíritu Santo. Es absolutamente imposible que uno mismo pueda fabricar, generar o producir la vida cristiana sin el auxilio del Espíritu Santo. En este mismo instante, él se encuentra dispuesto a entrar en vuestro corazón con abundancia de bendiciones, a condición de que rindáis cada rinconcito de vuestra personalidad y de vuestra vida a él. El derecho de primogenitura es vuestro. ¡Reclamadlo, creedlo, aceptadlo! ¡Puede ser vuestro ahora mismo!

Si esta clase de hambre es la vuestra, Dios cumplirá al pie de la letra lo que ha prometido. El os saciará: "Bienaventurados los que tienen hambre y sed de justicia, porque ellos serán saciados." Dios ha cumplido siempre cada una de sus promesas, y ahora mismo puede saciaros si estáis lo suficientemente hambrientos y dispuestos a rendiros.

La fuente de la justicia

En segundo término, solamente Dios podrá saciaros de su justicia, porque el hombre no posee ambición por las cosas santas, ni tiene anhelos sagrados que a la postre no puedan ser satisfechos.

Jamás seremos perfectos en pensamiento, palabra y obras hasta que seamos glorificados en la vida venidera. No obstante, como cristianos, somos herederos legítimos aquí mismo sobre la tierra del reflejo de aquella gloria y de un carácter lleno de bondad. Somos *cristianos* y el mundo debe percatarse de que por dondequiera que transitemos, una virtud celestial trasciende de todo el que en verdad lleva el nombre de Cristo.

Cuando el hombre siente hambre de pan, Dios envía el sol y la lluvia sobre la tierra para producir los dorados trigales; el grano se convierte en harina y ésta en pan. En esta forma se satisface el hambre física del hombre.

Cuando tenemos hambre de amor, Dios enciende la llama del afecto en otro corazón, y dos vidas se complementan y unen en los lazos del santo matrimonio.

Cuando el hombre experimenta hambre de conocimientos, Dios levanta instituciones docentes, llama a los maestros y pone en el corazón de los filántropos el deseo de respaldarlos; y de esta manera la sed de conocimientos en el hombre es satisfecha.

Cuando el hombre ansía la sociabilidad, Dios le permite edificar ciudades donde otros pueden colaborar mutuamente en las diferentes industrias, artes y oficios.

¡No me digáis que Dios puede abastecer al hombre con la abundancia de los bienes materiales, y que en lo espiritual lo deje abandonado!

La Biblia dice: "Oídme atentamente, y comed del bien, y se deleitará vuestra alma con grosura" (Isaías 55:2).

Y otra vez asienta: "Porque el pan de Dios es aquel que descendió del cielo y da vida al mundo" (Juan 6:33).

La satisfacción en Cristo

En tercer lugar, Dios hartará el hambre y la sed de aquellos que suspiran por su justicia, porque él ama a los hombres con afecto imperecedero. El movilizó cielo y tierra para redimirnos. ¿Sería razonable que un padre pagase inmenso rescate por la redención de un hijo para dejarlo morir de hambre o abandonarlo? Puesto que el costo de nuestra salvación fue tan grande, nos conduce a creer que Dios no desea en lo absoluto que nos falte cosa alguna. Un padre que ame a su hijo, jamás lo dejará perecer de hambre.

La Biblia afirma: "Mi Dios, pues, suplirá todo lo que os falta conforme a sus riquezas en gloria en Cristo Jesús" (Filipenses 4:19).

La promesa: "Bienaventurados los que tienen hambre y sed

de justicia", hace al hombre responsable ante Dios, y a Dios responsable para con el hombre. Nuestra parte insignificante como humanos es tener hambre y sed.

Si no abrigamos deseo alguno por la justicia, quiere decir que hemos permitido al pecado y a la indiferencia arruinar nuestro apetito y sed de comunión con Dios. No importa cuán seductores, atractivos y lisonjeros puedan parecer los regalos del mundo, jamás podrán saciar nuestras más profundas aspiraciones y deseos del corazón.

Sólo podremos conocer la paz del corazón y la tranquilidad del alma cuando reconozcamos nuestras ansias profundas, cuando nos sometamos completamente a Dios, y cuando estemos dispuestos a abandonar los substitutos de fabricación sintética marca "hombre", para beber del "agua de la vida".

6

La Felicidad por Medio de Mostrar Misericordia

*"Bienaventurados los misericordiosos,
porque ellos alcanzarán misericordia."*

Mateo 5:7

La Biblia nos dice: "A Jehová presta el que da al pobre, y el bien que ha hecho, se lo volverá a pagar" (Proverbios 19:17). Un grupo de hombres de negocios tenía una cabaña en el bosque y cada noche solían reunirse para disfrutar de un momento devocional. Una noche pidieron al guardabosques, que era un hombre piadoso, que les guiara en oración. "Señor", oró el hombre, "ten misericordia de nosotros, porque la misericordia cubre nuestra necesidad." En las Escrituras la misericordia se refiere a la compasión que se tiene por el culpable que no la merece. No hay quizá mejor ilustración en la Biblia, aparte de la misericordia que Dios muestra por nosotros en Cristo, que el de José y sus hermanos.

Recordarás cómo los hermanos de José, llevados por la envidia y los celos, le vendieron como esclavo, convenciendo a su padre que había sido devorado por las bestias salvajes. En los años siguientes, José prosperó gracias a su fidelidad a Dios y a sus amos, al punto de llegar a ser el hombre fuerte de Egipto después de Faraón.

Fue el hambre lo que inesperadamente llevó a los hermanos de José a Egipto en busca de alimentos. Leed otra vez la historia increíble de cómo José reconoció a sus hermanos, la forma tan compasiva con que los trató, cómo los invitó a traer a su anciano padre a Egipto y a vivir con sus familias en tierra egipcia donde él podría cuidarlos durante los años restantes de escasez. Donde humanamente hablando cabía la venganza y la justa retribución, José mostró misericordia y bondad.

El dijo a sus sorprendidos hermanos: "Vosotros pensasteis mal contra mí, mas Dios lo encaminó a bien . . . Ahora, pues, no tengáis miedo; yo os sustentaré a vosotros y a vuestros hijos" (Génesis 50:20, 21).

¡Qué manifestación de misericordia!

También nosotros debemos estar dispuestos a mostrar misericordia a aquellos que nos han dañado o inclusive se han comportado con crueldad hacia nosotros. Si somos obedientes y leales a Dios veremos que detrás de la falta de bondad y aún del mal está Dios obrando para nuestro bien y para su gloria.

Tenemos la historia opuesta en el joven rico a quien Jesús recomendó que vendiera todo lo que tenía y se lo diera a los pobres, y que después volviera y le siguiera. Aquel joven "se fue triste, porque tenía muchas posesiones" (Mateo 19:22). Tuvo una oportunidad de mostrar misericordia pero le frenó la avaricia.

Aquel joven rico pensó que las riquezas le darían la felicidad, pero no fue así. Por el contrario, se resistió a ir a Cristo, la única fuente de felicidad permanente. No pudo mostrar a otros misericordia debido a su egoísmo y avaricia, de manera que "se fue triste", no experimentando nunca la verdadera felicidad y realización personales. "Bienaventurados son los misericordiosos."

Jesús sabe que una de las evidencias de nuestro sometimiento a Dios es nuestro deseo de querer compartir lo nuestro con los demás. Si no somos misericordiosos para con nuestros semejantes, ello prueba que jamás hemos experimentado la misericorda de Dios.

La misericordia no está centrada en el yo

Una paráfrasis de esta bienaventuranza diría: "Los que han obtenido la misericordia de Dios, son tan dichosos que no pueden menos que ser misericordiosos para con otros." Más que todas las actitudes santurronas que adoptemos, el indicador más exacto de la legitimidad de nuestra experiencia religiosa, es la actitud que asumamos para con nuestros semejantes.

Alexander Pope oraba:

> Enséñame a sentir la miseria de los demás,
> A tapar la falta que veo;
> Que la misericordia que tengo para con otros,
> La tengas tú conmigo.

Emerson debe haber leído el termómetro de la misericordia de los hombres cuando dijo: "Lo que haces habla tan alto que no me deja oír lo que dices."

Jesús recapituló todo lo concerniente al cristianismo genuino en unas cuantas palabras: "Si alguno tiene sed, venga a mí y beba. El que cree en mí, como dice la Escritura, de su interior correrán ríos de agua viva" (Juan 7:37, 38).

El cristianismo consiste primeramente en venir a Cristo, un manantial de Agua Viva; en segundo lugar, consiste en una "salida", un alcanzar para Cristo, una evasión de lo que hay en nosotros, en amor, misericordia y compasión para con los demás.

Un depósito de agua que sólo tiene entrada pero no salida, se convierte en un estanque pantanoso, plagándose de insectos. Cuando pensamos del cristianismo en términos de *"mi* experiencia, *mis* emociones, *mi* éxtasis, *mi* gozo, *mi* fe, sin deseo alguno de compartirlo con otros en misericordia, podremos únicamente ufanarnos de empozamiento, pero no de un cristianismo vital y fluidificante.

Escuchad lo que dicen las Escrituras: "Defended al débil y al huérfano; haced justicia al afligido y al menesteroso" (Salmo 82:3). "El que cierra su oído al clamor del pobre, también él clamará, y no será oído" (Proverbios 21:13).

Jesús dijo: "Al que te pida, dale; y al que quiera tomar de ti prestado, no se lo rehúses" (Mateo 5:42). "Dad, y se os dará; medida buena, apretada, remecida y rebosando darán en vuestro regazo" (Lucas 6:38).

En esta bienaventuranza que muy bien podemos llamar "rebosante", Jesús reitera que debemos ser canales expeditos por donde su amor y misericordia fluyan hacia los hombres.

¡Si tenéis una religión que no se comporte eficazmente en la vida diaria y que no sea útil para normar vuestra conducta con los semejantes, y que, además, os convierta en introvertidos espirituales, podéis estar seguros de que no conocéis al Cristo de las Bienaventuranzas!

A Satanás no le importa cuánto podáis teorizar acerca del cristianismo, o hasta qué grado podáis "profesar" vuestra fe en Cristo; pero sí se opondrá enérgicamente a la forma en que viváis la vida de Jesucristo, y seáis instrumentos de su misericordia, compasión y amor, mediante los cuales él se manifiesta al mundo. Si Satanás arrancase la misericordia del cristianismo, lo habría nulificado. Si tiene éxito en hacernos hablar muy bien de la religión, pero en cambio nos hace practicarla miserablemente, nos habrá esquilmado de nuestro poder.

Si sólo admitimos un evangelio ascético-espiritual, y hacemos caso omiso de las obligaciones para con el prójimo, echaremos a perder todo lo demás. Un evangelio novotestamentario sólo puede florecer en plenitud cuando la simiente del Espíritu Santo es plantada en un terreno exuberante de misericordia humana.

El evangelio es primeramente un recibimiento y después un desprendimiento. Jesús afirmó que en el desprendimiento encontraríamos la felicidad.

Hace tiempo una señora escribió: "Tengo sesenta y cinco años de edad. Todos mis hijos están casados, mi esposo murió y ahora me siento la persona más solitaria del mundo." A esta señora se le sugirió que procurase la forma de compartir su fe, lo mismo que sus bienes materiales con otras personas. Semanas después contestó: "Soy la mujer más feliz del mundo. He encontrado un naciente placer y satisfacción al compartir con otros lo que tengo."

¡Esto es exactamente lo que Jesús prometió!

La misericordia en acción

¿Cuáles son en el mundo actual las áreas que podemos alcanzar con nuestra misericordia?

En primer lugar, podemos ser misericordiosos *atendiendo a las necesidades de nuestros prójimos.* Debemos mirar a nuestro vecindario y ver si hay alguno herido o en necesidad.

¿Quién es mi prójimo? Aquel que está más cerca de mí: mi esposo o esposa, hijo, padre, hermano, el vecino, mi compañero de trabajo. Es fácil estar preocupado por las personas necesitadas que viven en otro continente y olvidarme de las necesidades de aquellas que están cerca y que quizá sólo necesitan una palabra de ánimo o aprecio. No podemos, por el otro lado, ignorar las necesidades de nuestros prójimos en una escala universal.

Cuando os retiréis a dormir por la noche, recordad que más de la mitad de los pobladores del mundo viven hambrientos, pobres y en la miseria. La mayoría de estas gentes son analfabetas y por lo tanto incapaces de leer o escribir. Los más utilizan métodos de labranza anticuados por lo menos en unos diez siglos. Muchísimos viven en un nivel casi de esclavos, bajo la férula de terratenientes y caciques que los explotan. Otros viven en países con gobernantes opresivos y corruptos. Sus vidas están sobrecargadas con injusticias y prejuicios y tienen escasas oportunidades de superación. Son vidas marcadas por la impotencia y la desesperación. Necesitan alimento, educación, ropa, hogares y atención médica; pero más que todo necesitan amor. Nosotros como cristianos genuinos estamos obligados para con todos los pueblos oprimidos del orbe.

¿Acaso no alimentó Jesús a las multitudes al mismo tiempo que les predicó el evangelio? ¿No señaló con el dedo la locura de predicar la religión sin ponerla en práctica? ¿Acaso no nos dijo: "Mas ¡ay de vosotros, escribas y fariseos, hipócritas! porque cerráis el reino de los cielos delante de los hombres . . . porque devoráis las casas de las viudas, y como pretexto hacéis largas oraciones; por esto recibiréis mayor condenación"? (Mateo 23:13, 14).

Un hombre joven de nuestra ciudad es un hábil y experimentado piloto de helicópteros. El podría, sin dudar, ganar un buen salario trabajando para una de las grandes empresas aquí; sin embargo, se ha unido a una pequeña misión cristiana que usa helicópteros para alcanzar zonas remotas de la tierra y llevarles el evangelio y ayuda. Gran parte de su trabajo lo ha realizado en las áreas más áridas de Africa, donde millones de personas viven con el riesgo continuo de morir de hambre. No hace mucho nos escribió: "Siento que no tengo palabras para describir las condiciones que prevalecen aquí. Algunas prefiero mejor olvidarlas." Y después agrega: "La recompensa es grande aquí al ver cómo nuestros esfuerzos ayudan verdaderamente a la gente." En medio de unas condiciones terribles, que rompen el corazón, él ha descubierto la verdad de las palabras de Jesús: "Bienaventurados los misericordiosos."

Es aquí donde hemos faltado, porque hemos teorizado acerca de la religión discutiendo asuntos doctrinales, mientras que el mundo agoniza en la miseria sin lo más indispensable para la vida, y en muchos casos sin esperanza alguna.

¡Cuán frívolos, egoístas e introvertidos nos hemos vuelto! No es de extrañar, pues, que el aburrimiento, la frustración y la desdicha se ciernan sobre nosotros. Las palabras de Jesús: "Bienaventurados los misericordiosos" son muy oportunas para nuestra generación inmisericorde.

El doctor Frank Laubach me escribió una vez diciéndome: "En mi manera de pensar, los Estados Unidos debieran hacer un esfuerzo total para ayudar a salir de su miseria a esa mitad de la población del orbe que está destituida; o de lo contrario veremos que el mundo se tornará al comunismo a causa de nuestra negligencia."

Quizá vosotros no podáis ir a tierras distantes pero en cambio podéis dar de vuestro dinero para la causa de las misiones y obras de caridad, y con ello ayudaréis a la construcción de hospitales, instituciones educativas y orfanatos. De esta manera vuestra ayuda económica podrá llegar a los millones de seres desposeídos.

Empero, no vayamos tan lejos, si solamente observáramos, nos daríamos cuenta de que cerca de nosotros hay personas necesitadas materialmente. Una Nochebuena, un amigo mío llegó a casa y me dijo: "¿Te gustaría salir conmigo a distribuir regalos de Navidad por las montañas?" Acepté gustosamente recibiendo una de las más grandes sorpresas de mi vida. Me imaginaba que todo el mundo en nuestra comunidad tenía lo suficiente para solventar las necesidades de la vida; pero al ser conducido por aquellos vallecitos y montañas descubrí que había personas sin la suficiente ropa que vestir, sin lo suficiente para comer, y otros, que ni siquiera podían darse el lujo de comprar un jabón con qué lavar sus cuerpos. Desalentado y humillado, le rogué a Dios me perdonara por mirar con indiferencia a la gente de mi propia vecindad. Nunca me había tomado la molestia de mirar en derredor con el fin de darme cuenta de las necesidades ajenas.

Si pedís a Dios que abra vuestros ojos, hallaréis a personas en vuestro propio medio que necesitan de ayuda física.

Habrá otros en vuestro barrio que necesitan de un amigo. Hay muchos seres solitarios que jamás han conocido lo que es un sincero apretón de manos; jamás han recibido una carta y permanecen en tediosa soledad. Si solamente hubiera un ser amigable dispuesto a escribirles o visitarlos, sus existencias cambiarían por completo. Una de las mujeres más felices en nuestra iglesia vive sola, pero tiene el hábito de visitar hogares de ancianos. Habla con ellos, les lee libros, los lleva en las sillas de ruedas a la cafetería o a la tienda de regalos. Cuando mi madre estaba enferma en su casa recibía pocas visitas de parte de su iglesia, esta querida mujer la visitaba fielmente cada semana. Es feliz con este ministerio de visitación.

Otros, en cambio, se sienten abandonados y miserables tal vez porque no tienen una personalidad que se preste a convivir con otros seres. Tengo un amigo que asistió a una reunión social. Se encontraba también allí, a la sazón arrinconado, un jovencito de labio leporino y cara poblada de barrillos. Nadie, por supuesto, le prestaba atención a aquel joven; estaba aislado, se le veía abatido, miserable y completamente fuera de su sitio. Mi amigo se le acercó y pasó la tarde a su lado. Al partir, el joven iba sonriente. Mi amigo fue misericordioso con él.

Existen mil modos sencillos en que podemos ser misericordiosos. Junto a nosotros habrá un hospital que podemos visitar. Allí habrá muchas personas encamadas deseosas de que alguien les visite, les obsequie flores y les sonría. Podemos ser misericordiosos visitando a los enfermos.

Los prejuicios: Una barrera para la misericordia

En segundo lugar: Podemos ser misericordiosos, haciendo a un lado nuestros prejuicios.

Por todas partes surgen los nacionalismos. Y mientras por un lado se derrumban las barreras raciales, por el otro surgen las sociales. Los prejuicios están de moda en muchos países.

He tenido el privilegio de visitar a lo largo de los años

muchos países en todos los continentes. Sin embargo, nunca encontré un país donde no hubiera prejuicios de alguna especie. A veces eran prejuicios en relación con una minoría racial o religiosa dentro de sus fronteras. Otras veces eran prejuicios contra la gente de otras naciones. Y otras veces eran prejuicios contra los que eran más ricos o más pobres que la gente promedio. Los prejuicios son un problema universal, ¿por qué? Una de las razones es que los prejuicios tienen sus raíces en el orgullo, y el orgullo está en el corazón del pecado. De la misma manera que el pecado es universal, así lo son los prejuicios, a menos que sean tocados por el poder regenerador de Dios.

La palabra *prejuicio* quiere decir "prejuzgar", o formarse un juicio de otros sin conocer los hechos. El prejuicio es un signo de debilidad y no de fuerza; es un instrumento del fanatismo pero no una divisa del verdadero cristiano. Es uno de nuestros mayores problemas en esta era de complejidad. Ha llegado a ser también un problema en crescendo hasta el punto de hacer olvidar al hombre moderno el sendero de la misericordia y comprensión cristianas, obligándole, en cambio, a escoger el camino de la intolerancia y la intriga.

Edwin Markham se refería a la nobleza antaño prevaleciente en las palabras siguientes:

> El levantó un círculo para eliminarme,
> ¡Afuera el hereje, el rebelde, el infame!
> Pero el amor y yo nos las avenimos para ganarlo:
> Levantamos un ruedo mayor para acorralarlo.

Los prejuicios se miden calculando la distancia entre nuestras opiniones torcidas y la realidad. Si todos fuésemos perfectamente honrados ante Dios, no existirían prejuicios. Pero como la mayoría de nosotros posee mentes obtusas y corazones pervertidos, los prejuicios se han extendido por todas partes.

Eduardo R. Murrow dijo en una ocasión: "No hay tal reporte objetivo. Todos somos esclavos de nuestro ambiente."

Todos tenemos nuestras particulares presunciones y prejuicios, y a pesar de nuestros avanzados sistemas educativos, nuestros prejuicios se han multiplicado en los últimos años. Así que, concluimos afirmando que la educación no nos proporciona el remedio para todos los prejuicios.

Aun el gran Carlos Lamb dijo en una ocasión: "Soy en

términos claros, un fardo de prejuicios, de preferencias y aversiones."

El prejuicio es cierta forma de robo, porque despoja a su víctima de un juicio justo ante el jurado de la razón. También es un asesino, porque da muerte a toda oportunidad de progreso en aquellos que son su presa.

Jesús le asestó un golpe mortal cuando dijo: "¿Y por qué miras la paja que está en el ojo de tu hermano, y no echas de ver la viga que está en tu propio ojo?" (Mateo 7:3). Y a la vez, dio un mandato específico contra los prejuicios: "No juzguéis, para que no seáis juzgados" (Mateo 7:1).

Dudo seriamente de que tendríamos prejuicios contra alguien si tuviéramos en nuestra mano todos los hechos. Somos muy propensos y rápidos a juzgar y denunciar aquello que no entendemos, o no conocemos, o no experimentamos.

Los prejuicios frecuentemente desaparecen cuando tenemos toda la información en la mano. Seríamos también menos rápidos para juzgar si nos pusiéramos en el lugar del otro, entendiendo su procedencia, percibiendo sus problemas y simpatizando con sus debilidades. La educación puede, sin duda, hacer mucho para neutralizar nuestros prejuicios, pero frecuentemente encontramos que cuando aparentemente hemos conquistado un tipo de prejuicio, otro llena nuestro corazón con la misma fuerza que el anterior. He conocido personas que habían sido capaces de vencer prejuicios que tenían contra gente de otras razas y, a pesar de todo, sus corazones estaban llenos de menosprecio y prejuicios contra personas de su misma raza pero que pertenecían a otro grupo social o partido político diferente.

El antídoto del prejuicio

¿Cómo podremos librarnos de estos prejuicios asesinos? Sólo hay un camino: Mediante el proceso espiritual del nuevo nacimiento mediante la fe en Cristo. Sólo entonces descubrimos el amor de Dios por toda la humanidad; sólo entonces empezamos a ver a otros a través de los ojos de Dios y a verlos como Dios los ve. Sólo entonces empieza el amor de Dios a echar raíces en nuestros corazones, expulsando el odio, la indiferencia y el egoísmo que residen allí. Yo no tengo en mí la capacidad de amar a otros como debo, pero "el fruto del Espíritu es amor" (Gálatas 5:22). Sí, Cristo puede darnos el amor a otros, cosa que de otra manera nunca conseguiríamos, "porque el amor de Dios ha sido derramado en nuestros corazones por el Espíritu Santo que nos fue dado" (Romanos 5:5). Esta es una obra que sólo Dios puede hacer.

Escuchad las palabras de Saulo de Tarso, otrora uno de los hombres más llenos de prejuicios: "El amor es sufrido, es benigno; el amor no tiene envidia, el amor no es jactancioso, no se envanece . . . no se goza de la injusticia, mas se goza de la verdad. Todo lo sufre, todo lo cree, todo lo espera, todo lo soporta" (1 Corintios 13:4-7).

Lo que la lógica de los griegos no pudo hacer por Saulo, la gracia de Dios lo logró. Lo que la cultura de Roma no pudo hacer, la gracia de Dios lo hizo. Después de sus experiencias en el camino de Damasco, los viejos prejuicios se desvanecieron. La *misericordia* se convirtió en la palabra clave de su predicación, el tema de sus epístolas y el patrón de su conducta. "Os ruego por las misericordias de Dios, que presentéis vuestros cuerpos en sacrificio vivo, santo, agradable a Dios, que es vuestro culto racional" (Romanos 12:1). Así era el tenor de sus ruegos. Habiendo recibido misericordia, se convirtió en exponente de ella. Liberado de sus prejuicios, estaba ansioso de que todos encontrasen redención de su poder destructivo.

¿Cómo podemos tener la desfachatez de abrigar prejuicios contra otros cuando Dios ha sido misericordioso con nosotros?

Id con el evangelio

En tercer lugar, podemos ser misericordiosos, *compartiendo el evangelio con los demás.*

La pobreza espiritual del hombre es aún más abyecta que su penuria física. Su fracaso en no poder cumplir con su deber ni llegar a la altura donde debe estar, prueba que existe algo malo, inherente en su persona.

La Biblia lo expresa así: "Engañoso es el corazón más que todas las cosas, y perverso; ¿quién lo conocerá?" (Jeremías 17:9). Toda inmoralidad, desenfreno, avaricia, egoísmo, prejuicio, sufrimiento, odio y fanatismo, emanan de una sola fuente: el corazón del hombre. Nadie en el universo ha descendido a tanta bajeza como el hombre, y no obstante, por la gracia de Dios, nadie podrá elevarse más.

La pobreza física nos es, por supuesto, más visible y

aparente. Tocan nuestro corazón las escenas de aquellos que mueren de hambre o que viven en las calles o en barrios infectados de ratas, y debe suceder así. Pero la pobreza espiritual es mucho más difícil de ver, porque sólo la vemos cuando observamos al mundo por medio de los cristales de la Palabra de Dios. Tengo un amigo que padece de extremada miopía. Apenas ve de cerca, de forma que aun los objetos que se hallan a escasos metros los ve borrosos. Pero cuando se pone sus lentes la situación es diferente. Entonces sus ojos son casi tan agudos como los de un piloto. De la misma suerte, la pobreza espiritual del mundo no nos resulta clara o evidente hasta que no empezamos a contemplarla a la luz de la Biblia, la Palabra de Dios. Pero cuando empezamos a entender la Palabra de Dios, nos damos cuenta de que el mundo aparte de Cristo está perdido y bajo el juicio de Dios.

Algunos dicen: "No importa lo que la gente crea, con tal de que sean sinceros. Piensan que todos los caminos conducen a Dios. Y si Dios es amor, al final todos serán salvos, independientemente de que crean en Cristo o no." Pero la Biblia dice: "Y en ningún otro hay salvación; porque no hay otro nombre bajo el cielo, dado a los hombres, en que podamos ser salvos" (Hechos 4:12).

El hecho de que después de veinte siglos de cristianismo, más de la mitad de la población mundial no sepa nada acerca de la gracia redentora y salvadora de Cristo, debiera movernos a una renovada dedicación a predicar a un mundo en agonía, la misericordia de Dios.

Jesús dijo: "Id por todo el mundo y predicad el evangelio a toda criatura" (Marcos 16:15).

Notad la pequeña palabra *id*. Pequeña en realidad, pero cósmica en su alcance. A los apóstoles primero se les dijo *venid*, pero luego Jesús les ordenó: *Id*.

Los de esta generación hemos comenzado y allí quedó todo, pero Jesús dice: "Id." He aquí una palabra insignificante, pero que encierra la suma y substancia del evangelio de Cristo. Ella debiera ser la consigna de cada verdadero seguidor de Cristo. Debiéramos grabar con letras resplandecientes sobre los estandartes de las iglesias, la consigna del Maestro, "Id". Diecinueve siglos se han deslizado penosamente por la avenida del tiempo, y no obstante millones de seres permanecen en las tinieblas espirituales.

¿Hay alguna otra solución?

Hay dos conceptos opuestos sobre la verdadera naturaleza del hombre. Algunos aseguran que la naturaleza humana es fundamentalmente buena y que puede llegar a su máxima elevación independientemente de Dios. Según este punto de vista, el problema básico de la humanidad es ignorancia o condiciones sociales o económicas desfavorables. Si las personas pudieran recibir la necesaria educación y sus condiciones sociales y económicas fueran las adecuadas, entonces su egoísmo y conflictos desaparecerían. Esta opinión apela poderosamente a nuestro orgullo, porque no nos gusta pensar que somos incapaces de elevarnos por encima de nuestra situación. Sí, la educación es importante; Dios, después de todo, es el autor de toda verdad y en Cristo "están escondidos todos los tesoros de la sabiduría y del conocimiento" (Colosenses 2:3). Pero la codicia, la avaricia, el egoísmo continúan firmemente atrincherados en nuestros corazones, independientemente de la educación que tengamos y de cuán ideales puedan ser nuestras condiciones sociales.

El otro concepto sobre la naturaleza humana es el de la Biblia. Afirma que el hombre fue creado a la imagen de Dios y como tal fue en el principio perfecto, tal como Dios quería que fuera. Pero la humanidad le dio las espaldas a Dios eligiendo ser independiente de él. Cuando esto sucedió, algo radical y devastador ocurrió en el corazón humano.

Sin embargo, en la actualidad hay estadistas que se imaginan que en un gobierno mejor organizado, está el remedio para los males del mundo. Ellos suponen que siendo el vicio y el crimen productos de la ignorancia y la pobreza, del mismo modo, la virtud podría producirse del conocimiento y la suficiencia. Con todo, la historia comprueba que dicha teoría es inadecuada. Las leyes y estatutos constitucionales carecen de un elemento esencial purificador de la naturaleza humana. Tal poder no radica dentro de los fueros de la ley, ya sean humanos o divinos.

La Biblia dice: "Ya que por las obras de la ley ningún ser humano será justificado delante de él" (Romanos 3:20). Y también: "Porque lo que era imposible para la ley, por cuanto era débil por la carne, Dios, enviando a su Hijo en semejanza de carne de pecado . . . condenó al pecado en la carne" (Romanos 8:3).

Todos estamos de acuerdo en que un sistema de gobierno sea mejor que el otro, pero todos los sistemas legislativos han sido impotentes para suprimir el vicio y dar preponderancia universal a la virtud. Roma no fue más pura bajo el elocuente Cicerón que bajo el cruel Nerón.

La historia nos demuestra que es imposible resolver el problema de la naturaleza humana mediante la ley civil. Con esto no queremos decir, por supuesto, que las leyes contra el mal no sean necesarias e importantes, todo lo contrario. La Biblia enseña que Dios ha dado al gobierno civil la autoridad de castigar al malhechor y todos debemos apoyar la justicia como un bien común de la sociedad. "Porque los magistrados no están para infundir temor al que hace el bien, sino al malo" (Romanos 13:3). El buen gobierno trabaja para el bien de la sociedad.

Muchas veces pensamos que una forma particular de gobierno resolverá todos nuestros problemas. Algunos tiranos o dictadores harán todo lo que esté en sus manos para imponer su forma de gobierno o filosofía política sobre otras naciones, bien mediante la fuerza o la subversión si es necesario. Sin duda que ciertas formas de gobierno son mejores que otras, y una de las razones es porque tienen mejor comprensión de las limitaciones y posibilidades de la naturaleza humana. El gobierno y las leyes civiles son de alguna manera como las jaulas en un parque zoológico: pueden frenar el mal y evitar que salga fuera de control, pero son incapaces de cambiar la naturaleza básica del corazón humano.

Como estadounidense me regocijo de las libertades y de la protección legal que disfrutamos contra aquellos que buscan destruir la sociedad.

Pero nuestro gobierno se desmoronaría como un castillo de arena si no contara con la estructura moral de la Palabra de Dios. Esta estructura moral que sostiene nuestro país procede de las raíces judeocristianas. Cuando dichos valores se aplican producen frutos morales. Pero si esa estructura desapareciera los sentimientos morales que conforman las metas de nuestra nación desaparecerían.

Está, por otra parte, la persona que pretende que el remedio para los vicios ha de encontrarse en un sistema universal de educación. Cree que el hombre puede purificarse y ser feliz mediante la cultura del intelecto y progreso mental.

Suponed que la educación sea la respuesta a todos los problemas del hombre. Cultivad la inteligencia a su máximo, ¿creéis que así alcanzaréis un carácter virtuoso? El conocimiento no preservó a Salomón de los vicios ni a Byron de la inmoralidad. El arte y la educación podrán refinar el gusto; pero jamás podrán limpiar el corazón, perdonar el pecado y regenerar al individuo. El holocausto de Alemania fue llevado a cabo por gente educada, algunos brillantemente educados. Bien puede decirse que fue la demostración de la depravación educada.

Hace unos pocos años, visitamos mi esposa y yo el campo de la muerte de Auschwitz, localizado en el sur de Polonia. Allí fue donde unos seis millones de judíos procedentes de muchas partes de Europa fueron brutalmente encarcelados y asesinados. Pudimos ver los instrumentos de tortura empleados, las celdas de castigos, las cámaras de gas y los crematorios. Cada palmo cuadrado de aquel terrible lugar constituye un testimonio vívido de la inhumanidad del hombre contra el hombre. Depositamos una corona de flores memorial y nos arrodillamos para orar ante un muro en medio del campo donde 20.000 habían sido fusilados. Cuando me levanté dirigí unas breves palabras a los que se habían reunido allí con nosotros, pero mis ojos estaban arrasados de lágrimas y apenas pude hablar. ¿Cómo pudo ocurrir algo tan horrible, planeado y ejecutado por personas que frecuentemente eran tan educadas? El problema es el corazón humano. Jesús declaró: "Porque del corazón salen los malos pensamientos, los homicidios, los adulterios, las fornicaciones, los hurtos, los falsos testimonios, las blasfemias" (Mateo 15:19).

No es simplemente educación y civilización lo que el mundo necesita en la actualidad, sino iluminación de la conciencia. No simplemente ferrocarriles, barcos y corporaciones gigantescas, sino empresas y trasatlánticos libres de todo tráfico inmoral. Sí, una sociedad civilizada y educada está hoy desentendiéndose mientras miles de niños mueren antes de nacer. Dios y la historia, juzgarán este tremendo holocausto.

¿Dónde está la misericordia?

Preferiría un mundo lleno de salvajes y no de gente de

sofisticada civilización pero sin moralidad. Es mejor el yermo agreste e inexplorable que el corrompido placer de la vergüenza civilizada. Es mejor el caníbal de los mares del Sur que las auras civilizadas de nuestras ciudades.

El matemático puede resolver problemas sobre el papel, pero, ¿puede resolver sus problemas personales? El cirujano traumatólogo puede arreglar los huesos rotos, pero, ¿puede arreglar un corazón roto? El ingeniero puede leer los planos, pero, ¿dónde encontrar un plano maestro para la vida?

Reformar mediante regeneración

¿Botaremos nuestra civilización? No, pero *reformémosla* mediante la regeneración. Yo quitaría los prejuicios y pondría en su lugar la Regla de Oro. Quitaría la crueldad y pondría en su lugar la misericordia. Eso únicamente puede lograrse mediante la aceptación de Jesucristo como el Salvador personal, de parte de los individuos que integran la sociedad.

Podéis abrir una escuela pública y una universidad en cada cuadra de todas las ciudades de América; pero mediante la educación del intelecto, jamás evitaréis que América se corrompa moralmente. La educación no puede llamarse propiamente educación si descuida las partes más importantes de la naturaleza del hombre. Un programa parcial para todo el mundo, sería después de todo fatal si sólo educamos el cerebro y no el alma.

Colocad a un hombre educado a medias al frente de un gobierno o traedlo a vuestra comunidad, poniendo a su disposición recursos inagotables, sin reconocer mayor autoridad que la suya, ¡qué clase de monstruo sería! Educar a medias es algo peor que no tener ninguna educación. Sería como poner en marcha una locomotora y dejarla correr sin maquinista. Sería igual que dejar una nave al garete sin compás, sin piloto y sin rumbo.

Anhelar la civilización de los hombres sin convertirlos a Cristo es casi tan cuerdo como el querer la transformación de lobos en corderos mediante un baño, cubriéndolos con una zalea.

"Bienaventurados los misericordiosos, porque ellos alcanzarán misericordia."

La misericordia que el mundo necesita es la gracia, el amor y la paz de nuestro Señor Jesucristo. Lo que los hombres necesitan es su poder redentor y transformador.

Podemos utilizar los recursos físicos del mundo, pero junto con ellos debemos llevar el poder regenerador de Cristo. Debemos tomar un vaso de agua fría en una mano y la regeneración en la otra, para darlos a un mundo hambriento física y espiritualmente. Pensábamos que las necesidades del hombre eran solamente físicas, pero ya nos dimos cuenta de que también son espirituales.

Los dones del evangelio

El evangelio de Cristo suple también las *necesidades físicas* del hombre. El materialismo no puede ver otra cosa en nuestro cuerpo excepto lo que ve en un análisis de laboratorio; empero la Biblia en tono grave y severo dice: "¿O ignoráis que vuestro cuerpo es templo del Espíritu Santo?" (1 Corintios 6:19).

El evangelio abastece las *necesidades intelectuales* del hombre, porque estimula a emplear su inteligencia a la máxima capacidad. El evangelio exige la completa educación de todas las fuerzas intelectuales: "Ceñid los lomos de vuestro entendimiento" (1 Pedro 1:13). La palabra de Dios abre ante el hombre regenerado un universo entero de verdad.

El evangelio abarca las *sensibilidades* del hombre: "No se turbe vuestro corazón" (Juan 14:1). "Bienaventurados los que lloran, porque ellos recibirán consolación." Esto es lo que la humanidad necesita. El hombre ansía consuelo para su dolor, luz para sus tinieblas, paz para sus inquietudes, descanso para sus fatigas y sanidad para sus enfermedades. El evangelio lo tiene todo.

El evangelio tiene lo necesario para la *voluntad* del hombre. Proporciona los medios para que el hombre someta su voluntad a la del Omnipotente, lo cual también participa de su omnipotencia.

El evangelio suministra lo necesario a la *naturaleza moral* del hombre. Sus pautas morales son reconocidas por todo el mundo como intachables.

El evangelio proporciona también la única satisfacción del universo para la *naturaleza espiritual* del hombre, porque reconoce el hecho terrible del pecado y propone el remedio específico.

El evangelio no esquiva la vieja pregunta: "Qué debo hacer

para ser salvo?" afirmando que no hay necesidad de salvación. No levanta a un hombre del fuego diciéndole simplemente que no le pasa nada. Tampoco extirpa el aguijón de nuestra conciencia mediante la eliminación de la conciencia. Tampoco nos persigue.

El evangelio muestra al hombre sus heridas y derrama sobre ellas el bálsamo del amor. El evangelio señala a los hombres su desnudez y les proporciona los vestidos de pureza; les muestra su pobreza y derrama en sus vidas las riquezas del cielo; les señala sus pecados y los dirige hacia el Salvador.

Este es el mensaje que debemos llevar a un mundo perdido, perplejo y confuso. Esto es ser misericordiosos.

Cerca de vosotros, en vuestra comunidad, se encuentran los que necesitan del poder regenerador de Cristo. Podéis llamarlos por sus nombres. Yo sugiero que hagáis una lista y comencéis a orar por ellos. Pedidle a Dios que os enseñe la manera de testificarles y ganarlos. Sus vidas pueden ser transformadas por vuestro mensaje que les presentéis. Tenéis que compartir el evangelio que habéis recibido. Si Cristo ha hecho algo por vosotros, compartidlo con otros. Al hacerlo así, sois misericordiosos.

William Shakespeare escribió:

La calidad de la misericordia no es forzada;
Es dejada caer por el cielo como suave lluvia
A los lugares inferiores, que son dos veces bendecidos;
Bendice al que lo da y al que lo recibe:
El poderoso más potente viene a ser
El monarca coronado mejor que su corona.

No, el camino a la felicidad no se encuentra en el vivir egoísta y en la indiferencia hacia los demás. Por el contrario, cuando hemos experimentado la misericordia de Dios es cuando mostramos misericordia hacia otros. Entonces seremos "bienaventurados", dos veces bendecidos, porque haremos felices a otros y experimentaremos verdadera felicidad. "Bienaventurados los misericordiosos, porque ellos alcanzarán misericordia."

7

La Felicidad de la Pureza

*"Bienaventurados los de limpio corazón,
porque ellos verán a Dios."*

Mateo 5:8

El corazón es considerado en la Biblia algo más que un simple órgano corporal. Se le tiene como el asiento de las emociones. El miedo, el amor, el valor, la ira, el gozo, la tristeza y el odio se atribuyen al corazón, el cual, asimismo, ha llegado a considerarse como el centro de la vida moral, espiritual e intelectual del hombre. Se le designa, además, como el núcleo de la conciencia y de la vida del hombre.

Jesús dijo: "Bienaventurados los de limpio corazón." Ahora bien, debemos aceptar esta afirmación en su significado espontáneo. Si el corazón es el asiento de los afectos, entonces nuestro amor a Dios debe ser puro. Si el corazón es el centro de nuestros motivos, éstos también deben ser puros. Si el corazón es la residencia de nuestra voluntad, entonces debemos someterla a Cristo. Debemos ser limpios en nuestro amor, en nuestros motivos y en nuestros deseos.

Sería bueno hacer aquí una pausa y observar exactamente lo que significa ser "limpio de corazón".

El verdadero significado de la pureza

La palabra que traducimos aquí por "puro" tenía diferentes usos en la lengua original griega. Era usada para designar algo que no estaba adulterado o mezclado con ninguna cosa extraña, como el oro puro que no ha sido combinado con ningún otro metal, o la leche que no había sido aguada. También frecuentemente significaba "limpio", como un plato o ropas que han sido lavados cuidadosamente.

Apliquemos ahora estos significados a "puros de corazón". Si somos realmente puros en nuestro corazón seremos de una sola mente en nuestro sometimiento a la voluntad de Dios. Nuestros motivos no serán impuros y nuestros pensamientos no estarán adulterados con aquellas cosas que no son rectas. Nuestros corazones serán puros porque no toleraremos en nuestras vidas pecados conocidos ni permitiremos que nos contaminen. Tomaremos en serio la promesa bíblica: "Si decimos que no tenemos pecado, nos engañamos a nosotros mismos, y la verdad no está en nosotros. Si confesamos nuestros pecados, él es fiel y justo para perdonar nuestros pecados, y limpiarnos de toda maldad" (1 Juan 1:8, 9).

Hay, sin embargo, otra dimensión para esta palabra "puro". Significa también, a veces, algo que ha sido purgado de lo erróneo de forma que puede ser usado para lo bueno. William Barclay señala que puede ser usado en relación con un ejército que ha sido purgado de soldados que eran cobardes, débiles o incapaces de luchar. Sería, entonces, un ejército "puro", formado por soldados dedicados y entrenados, listos para el combate. Sería, también, semejante a un cuerpo humano que ha sido purificado de enfermedades de manera que ahora es fuerte y capaz de trabajar. De la misma manera, cuando somos "puros de corazón" estamos listos para hacer aquellas cosas que Dios espera que hagamos.

En otras palabras, la pureza de corazón tiene un sentido positivo y otro negativo. Por un lado, nuestros corazones tienen que vaciarse del pecado y de su dominio sobre nosotros. Por el otro, tenemos que ser puros en nuestras acciones y llenarnos de todo aquello que es puro. La Biblia ilustra ambos aspectos de la pureza, el negativo y el positivo: "*Haced morir,* pues, lo terrenal en vosotros: fornicación, impureza, pasiones desordenadas, malos deseos y avaricia, que es idolatría . . . *pero ahora dejad también vosotros* todas estas cosas: ira, enojo, malicia, blasfemia, palabras deshonestas de vuestra boca . . . *Vestíos, pues,* como escogidos de Dios, santos y amados, de entrañable misericordia, de benignidad, de humildad, de mansedumbre, de paciencia . . . y sobre todas estas cosas *vestíos* de amor, que es el vínculo perfecto" (Colosenses 3:5, 8, 12, 14, el subrayado es nuestro).

Conceptos erróneos sobre la pureza de corazón

¿Acaso significó Jesús que deberíamos alcanzar una perfección sin pecado y un estado espiritual donde nos fuese imposible pecar? ¡No!

Ser limpio de corazón no significa que debemos estar metidos dentro de un hábito, con apariencia piadosa o recluidos en un monasterio. Jesús censuró a los fariseos por tener un falso concepto de la pureza de corazón. Les dijo: "¡Ay de vosotros, escribas y fariseos, hipócritas! porque sois semejantes a sepulcros blanqueados, que por fuera, a la verdad, se muestran hermosos, mas de dentro están llenos de huesos de muertos y de toda inmundicia" (Mateo 23:27).

La discusión de Jesús con los fariseos se justificaba en este punto precisamente. Ellos admitían que el favor de Dios se obtenía limpiando lo de afuera del vaso, practicando ciertos ritos religiosos y guardando la letra, no el espíritu de la ley. En otras palabras, ellos comenzaban de afuera, en vez de principiar de dentro hacia afuera.

Este no fue el método de Dios, ya que no producía la limpieza de corazón ni tampoco traía felicidad al alma.

La religión superficial de ellos era impotente para limpiar sus corazones de la suciedad y corrupción moral; de ahí que no eran hombres felices. Estaban llenos de resentimiento, amargura, prejuicios y odio. ¿Por qué? Sencillamente porque habían perdido de vista el concepto divino de la limpieza de corazón. Pensaban que mientras observaran la letra de la ley, todo estaba arreglado.

Mas Jesús enseñó que Dios ve más allá de los actos externos del individuo; él escudriña y pesa los corazones. Dios no juzga tanto lo exterior como el interior. El considera los motivos, pensamientos e intenciones del corazón.

Tenemos una hija a quien llamábamos "Bunny". Era una niña graciosa, amable y comedida; estaba en aquellos días en la edad en que sentía la obsesión de ayudar a papá. En todo lo que hacía, me decía: "Papacito, déjame ayudarte." "Bunny", naturalmente que abrigaba buenos propósitos, pero (acá entre nos) rara vez tenía su esfuerzo valor constructivo o práctico; si me ayudaba a desyerbar el jardín, arrancaba las flores en vez de la mala yerba. Si me ayudaba a descargar la provisión, invariablemente tiraba al suelo algo de valor, rompiéndolo. Si me ayudaba a arreglar mi estudio, hacía una "sopa" con todo lo que encontraba. Con todo, los motivos de "Bunny" eran buenos. Ella realmente deseaba ayudarme. De manera que yo procuraba fomentar este buen rasgo, aunque incultivado, de la niña, dándome cuenta de sus motivos. Dicho sea de paso, ella ha crecido y se ha transformado en una criatura extraordinariamente cuidadosa y servicial.

Esto es justamente lo que Dios hace. El no juzga nuestra bondad o maldad superficialmente, sino que penetra en lo profundo del alma y la sondea cual cirujano. Cuando Dios termina de auscultar, exclama: "Engañoso es el corazón más que todas las cosas, y perverso; ¿quién lo conocerá?" (Jeremías 17:9).

El mal en el corazón

Cuando Jesús terminó de sondear los corazones de los hombres con quienes trató, dijo: "Porque de dentro, del corazón de los hombres, salen los malos pensamientos, los adulterios, las fornicaciones, los homicidios, los hurtos, las avaricias, las maldades, el engaño, la lascivia, la envidia, la maledicencia, la soberbia, la insensatez" (Marcos 7:21, 22). Jesús enseñó que el corazón del hombre, alejado de Dios, permanece entenebrecido, incrédulo, cegado, altanero, rebelde, idólatra y empedernido. Enseñó, además, que el corazón en su estado natural es capaz de cometer cualquier maldad o crimen.

Un joven adolescente fue arrestado en Nueva York por haber cometido un incalificable asesinato. Su madre, al saberlo, exclamó: "¡Pero si es un buen muchacho!" Ella no había imaginado que el corazón sin regenerar, es potencialmente capaz de perpetrar cualquier crimen. Un poeta escribió:

Vivifica mi conciencia hasta que sienta
la repugnancia del pecado.

He aquí la razón por la cual muchos pactos de paz, acordados en el curso de la historia, se han violado, dando origen a la guerra entre las naciones. Dichos tratados fueron firmados de buena fe, pero confiando en las "buenas" intenciones y propósitos del otro bando; y por lo mismo, fueron quebrantados una y otra vez, causando la muerte a millones en los frentes de batalla; tan sólo porque el corazón del hombre es engañoso y malo, más que todas las cosas.

¡Nuestros corazones son impuros! Y por esta razón estamos colmados de toda suerte de tensiones nerviosas, orgullo, frustraciones, confusión y mil y un males físicos, mentales y espirituales. Y todo ello porque la raíz del corazón es mala. El teólogo William G. T. Shedd dijo: "El carácter humano es sin valor en la misma proporción que carece del aborrecimiento del pecado."

Jesús dice que jamás seremos completa y supremamente felices hasta que nuestros corazones sean limpios. Samuel Rutherford nos insta: "Luchar por un sentido fuerte y vivo del pecado . . . cuanto mayor sea el sentido del pecado, menor el pecado."

La sanidad para un corazón enfermo

Pero si son malos, ¿qué haremos con ellos? "¿Procuraremos reformarlos o corregirlos?", preguntó alguien.

El hombre, tratando siempre de vivir independientemente de Dios y de su gracia transformadora, alega que el ambiente, la educación y las actitudes mentales correctos pueden cambiar el corazón y hacerlo puro. "Colocad a los hombres dentro de un ambiente sano y se harán buenos", dicen los humanistas.

Aunque esto parezca perfectamente lógico —como lo parecen otras teorías elaboradas por el hombre— no puede ser verdadero. Colocad a un mandril africano en una residencia de Boston, ¿y cuánto tiempo pensáis que necesite para actuar como ser humano? "Pero eso es salirse por la tangente", objetarán nuestros amigos humanistas.

¡Creo que no! Porque estamos tratando del problema de la naturaleza en contraposición al ambiente. La naturaleza de un animal puede afectarse por el ambiente, pero jamás podrá cambiarse de manera radical y esencial. Un domador de animales podrá subyugar la naturaleza salvaje hasta cierto grado, pero el mandril seguirá siendo fiera a pesar de la doma y cambio de ambiente. Además, el primer crimen, la muerte de Abel a manos de Caín, fue cometido en un ambiente perfecto.

Otros alegan que nuestra actitud mental hacia la vida necesita cambiarse: "Si pensamos correctamente, haremos lo correcto." Para ellos el problema del mal es de índole psicológico. "Pensad positivamente", dicen. "Lo que un hombre piensa dentro de su corazón, eso será."

Todo está muy bien, y yo mismo tengo una gran simpatía para los que, utilizando los métodos psicológicos, se esfuerzan por lograr mejores actitudes mentales. Aunque esto también alienta a los que dicen: "¡Suave, tú las puedes! ¡Ayúdate a ti mismo! ¿Ya ves que pudiste?" El "tú mismo" está haciendo furor por dondequiera, y a la gente se le dice que para ser feliz debe procurar por sí misma "tener pensamientos felices". Tales pensamientos pueden alentarnos, pero nunca cambiarnos.

Sin embargo, Dios afirma que nuestra necesidad va mucho más allá de lo meramente psicológico. El no dijo: "Bienaventurados los que cavilan pensamientos de felicidad", sino: "Bienaventurados los de limpio corazón, porque ellos verán a Dios."

La pureza de corazón no se produce mediante la sugestión mental, educación o ambiente, sino por un milagro de Dios mismo. La Palabra de Dios dice: "Y os daré corazón nuevo, y pondré espíritu nuevo dentro de vosotros; y quitaré de vuestra carne el corazón de piedra, y os daré un corazón de carne" (Ezequiel 36:26).

La limpieza de corazón es el resultado de un renacimiento, de un milagro, de una nueva creación, tal como nos lo afirma la Biblia: "Los cuales no son engendrados de sangre, ni de voluntad de carne, ni de voluntad de varón, sino de Dios" (Juan 1:13).

¡Vosotros necesitáis un nuevo corazón, justificado, perdonado y limpio! Sólo podréis obtenerlo mediante un acto divino y por la muerte de Cristo en la cruz.

Una maestra de escuela dominical afirmó en una ocasión, ante un grupo de niñas y niños, que nada era imposible para con

Dios. Un muchachito pidió la palabra y dijo que él sabía algo que Dios no podía hacer.

—¿Y qué cosa puede ser? —preguntó sorprendida la maestra.

—El no puede ver mis pecados a través de la sangre de Cristo —contestó sabiamente el rapazuelo.

Cuando hayamos confesado oportunamente nuestros pecados y renunciado a ellos, recibiendo a Cristo por la fe como nuestro Salvador, entonces Dios nos dará un corazón nuevo. Sólo así podremos ser "limpios de corazón". ¡Sólo en esta forma podremos conocer el secreto de la felicidad!

Quisiera insistir en que esta experiencia no es de tipo emocional, aunque puede tener factores emocionales. Quizá no "sintáis" el corazón nuevo, pero por fe podréis estar seguros de ello. La fe trasciende el terreno de la lógica, del raciocinio y del entendimiento. Es posible que no podáis aceptar intelectualmente todo lo escrito en estas páginas; sin embargo, yo os desafío a creer y aceptar por fe aquello que no podáis entender. Si comprendiésemos todo lo divino, ya no sería necesaria la fe.

Jesús hizo hincapié en que debemos hacernos como niños antes de poder entrar en el reino de los cielos. Volviéndonos como niños, podremos, en fe, mirar aquello que no entendemos del todo. Pero por el otro lado, podemos darnos cuenta de que Dios es digno de confianza. La fe no es un salto ciego en la oscuridad. Está por el contrario basada firmemente en lo que Dios ha hecho por nosotros en Cristo Jesús. Nuestra fe tiene un fundamento sólido porque no está basada en especulaciones o pensamientos ansiosos, sino sobre Dios y su Palabra. Podemos confiar en que Dios cumplirá las promesas que nos ha dado.

La pureza de corazón, indiscutiblemente, es un requisito previo para ingresar al reino de los cielos. No hay tan siquiera la remota posibilidad de que alguno pueda entrar jamás al reino de los cielos sin recibir primero la limpieza de corazón. Tal limpieza es conferida por un acto divino después de nuestra renunciación al pecado, y después de nuestra aceptación de Jesucristo.

¿Habéis recibido ya un nuevo corazón? Si es así, entonces tenéis ya el secreto de la felicidad.

Es imposible vivir limpiamente sin un corazón puro. En la actualidad, muchos tratan de colocar la carreta frente al buey. En otras palabras, quieren enseñar pureza de motivos, de anhelos y de actuación a personas de corazón dañado y perverso. No es extraño que estemos fracasados moralmente, muy a pesar de nuestro alarde de conocimientos y de nuestras tretas psicológicas. Los motivos, deseos y acciones limpios, emanan únicamente de corazones puros.

La naturaleza del corazón puro

Si habéis recibido un corazón limpio y renovado de parte de Dios, se espera que viváis una vida pura. En términos teológicos (como mencionamos ya en el capítulo cinco) a esto se le llama santificación.

Los corazones limpios se parecen al de Cristo. El anhelo de Dios es que seamos conformados a la imagen de su Hijo. Si Jesús mora dentro de nosotros y nuestros cuerpos se convierten en la morada del Espíritu Santo, ¿qué de extraordinario tiene que seamos como él? ¿Y qué queremos decir por ser semejantes a él?

La Biblia dice: "Haya, pues, en vosotros este sentir que hubo también en Cristo Jesús" (Filipenses 2:5). Jesús tenía un corazón dócil y si él mora en nosotros, el orgullo jamás dominará nuestras vidas. Jesús tenía un corazón amante, y si él habita dentro de nosotros, el odio y el rencor jamás nos vencerán. Jesús tenía un corazón comprensivo y perdonador, y si él vive dentro de nosotros, su misericordia suavizará nuestras relaciones para con el prójimo. Jesús tenía un corazón generoso, y si él convive con nosotros, el egoísmo no predominará en nuestras vidas, ya que el deseo de servir a Dios y a los demás, tomará el lugar de nuestros intereses egoístas. Pero aún más, el mayor deseo de Jesús era hacer la voluntad de su Padre. Esta es la esencia de nuestra semejanza con Cristo, desear obedecer la voluntad del Padre.

Vosotros me diréis: "¡Esas son palabras mayores!" Es cierto, lo admito. Sería imposible que en nuestra propia fortaleza y con un corazón sin regenerar, tratáramos de vivir como Cristo vivió.

El apóstol Pablo reconoció que jamás podría alcanzar la pureza de corazón mediante sus propios esfuerzos y por ello exclamó: "Todo lo puedo en Cristo que me fortalece" (Filipenses 4:13).

Dios no nos ha dejado solos ni abandonados en este

mundo. Jesús dijo a sus discípulos: "He aquí yo estoy con vosotros todos los días, hasta el fin del mundo" (Mateo 28:20). Todo lo que estos discípulos lograron, se debió a que el Maestro estaba con ellos. Ellos no eran más que un grupo de hombres rudos e incultos, pero con Cristo en sus corazones, "trastornaron al mundo" (Hechos 17:6).

Cristo hizo posible para nosotros la pureza de corazón mediante su muerte en la cruz. Sabemos que la justicia y pureza de Dios son imputadas a los que confiesan sus pecados, y por la fe reciben a Cristo en sus corazones.

El diccionario define la pureza como: incorrupción, incorruptibilidad, simplicidad, integridad, castidad.

Aunque todas estas ideas estén comprendidas dentro del término *pureza,* de ninguna manera establecen una norma absoluta por la cual podamos juzgar lo que es correcto o no; y lo que es, o no, pecado. Tal vez sea mejor considerar la pureza en su más amplia connotación, que lo abarca todo: absoluta conformidad con la santidad de Dios.

Las Escrituras Sagradas continuamente nos amonestan a esforzarnos por la pureza *física, mental y moral.* Dios dice: "Sed santos, porque yo soy santo" (1 Pedro 1:16). Y "seguid . . . la santidad, sin la cual nadie verá al Señor" (Hebreos 12:14). Y nuevamente agrega: "¿Quién subirá al monte de Jehová? ¿Y quién estará en su lugar santo? El limpio de manos y puro de corazón; el que no ha elevado su alma a cosas vanas" (Salmo 24:3, 4). De hecho se nos ordena que seamos puros. (1 Timoteo 5:22.)

La limpieza física

Dios quiere que seamos *puros de cuerpo* y esto incluye limpieza física.

Caverino dijo: "Cuando uno advierte que por la falta de limpieza en la persona o en la propiedad, pone en peligro la salud o la vida de la familia y de la comunidad cercana —como en los casos que favorecen el desarrollo de la tifoidea— entonces comienza uno a darse cuenta de la estrecha relación que existe entre la limpieza y la moral."

El antiguo pueblo judío se esforzó por la limpieza física impulsado por la religión; y aunque las leyes de purificación, contenidas en el Antiguo Testamento, fueron abolidas como prescripciones inflexibles, los principios de higiene física que contiene, están en vigor todavía.

En la Edad Media, sin embargo, muchos cristianos pensaban que el no bañarse era un signo de humildad y cuanto más sucios estaban más santos se consideraban.

Un individuo, aun en medio de circunstancias de extrema pobreza, puede adquirir jabón y agua para lavarse. No hay excusa en lo absoluto para que el cristiano ande sucio, despeinado o desaliñado. Si tenéis un corazón puro, procuraréis tener un cuerpo puro también.

La limpieza física es, sin embargo, algo más que simplemente lavar nuestros cuerpos. Por ejemplo, Dios nos ha dado nuestros cuerpos y debemos tener cuidado de ellos de la mejor manera que podamos. El apóstol Pablo mandó a los cristianos ser puros en lo físico y tener cuidado de sus cuerpos: "¿O ignoráis que vuestro cuerpo es templo del Espíritu Santo, el cual está en vosotros, el cual tenéis de Dios, y que no sois vuestros? Porque habéis sido comprados por precio; glorificad, pues, a Dios en vuestro cuerpo y en vuestro espíritu, los cuales son de Dios" (1 Corintios 6:19, 20).

Necesitamos hacer ejercicio apropiado tanto como necesitamos comer apropiadamente. Debemos darnos cuenta de que existe una estrecha relación entre nuestra salud física y nuestra perspectiva espiritual, mental y emocional. La ciencia está descubriendo cada vez más la verdad de lo que la Biblia dijo hace siglos: "El corazón alegre hermosea el rostro; mas por el dolor del corazón el espíritu se abate" (Proverbios 15:13). Y también afirma: "El corazón alegre constituye buen remedio; mas el espíritu triste seca los huesos" (Proverbios 17:22). Cuando David pecó contra Dios, interiormente sentía la carga de la culpa, pero también le afectó físicamente. Más tarde escribió: "Mientras callé, se envejecieron mis huesos, en mi gemir todo el día" (Salmo 32:3).

La limpieza moral

El ser puros de cuerpo incluye también la *castidad*. El apóstol Pablo dice: "Pues la voluntad de Dios es vuestra santificación; que os apartéis de fornicación . . ." (1 Tesalonicenses 4:3).

¡Con cuánta frecuencia las Escrituras nos amonestan contra

los pecados de adulterio y fornicación! ¡Cuán significativo nos parece que el Apóstol muchas veces mencione la "impureza", inmediatamente después de la "fornicación".

Nuestros periódicos están llenos de información sobre inmoralidades en varias partes de la nación. Y de hecho, la inmoralidad es hoy glorificada. Algunos de los programas de televisión más populares están basados en los ricos decadentes.

¡Permitidme que os llame la atención! Las Escrituras nos enseñan que Dios aborrece la inmoralidad.

En algunos siglos nuestra civilización se ha encontrado en la encrucijada de un cierto número de filosofías seculares diferentes. Frecuentemente han ganado aceptación popular por un tiempo y han tenido un gran impacto en nuestras instituciones, ideas y valores. Algunos, por ejemplo, han enseñado que no hay valores morales firmes y absolutos que puedan guiar nuestras vidas. Por el contrario, dicen que los valores morales son relativos, que tenemos que hacer lo que pensamos que es bueno para nosotros, sin preocuparnos de Dios y de su ley moral. Tales conceptos nos llevan, sin embargo, al caos moral y al caos también dentro de nuestra sociedad. Un abogado me dijo recientemente que la gran mayoría de sus clientes no están preocupados por el hecho de haber hecho lo malo, sólo están interesados en no ser atrapados.

Muchos se han convencido de que la Biblia no es la revelación divina; que la salvación deberá efectuarse por medios humanos y no por Cristo, y que la moral es relativa y no absoluta. Así podrían decir que las normas de tráfico de la carretera son relativas y no absolutas. Pero, ¿qué le parecería aterrizar en un aeropuerto donde las leyes de aviación sean relativas?

Los resultados prácticos de la aceptación intelectual del humanismo y del objetivismo, han sido la degeneración de la moral y el abandono de los ideales religiosos. La marejada de la psicología objetivista que invadió nuestros colegios, escuelas y universidades, ha echado ya raíces en las costumbres y modo de vivir de nuestra juventud actual. Los ideales de pureza se desprecian, y en las escuelas se ríen a carcajadas de la moralidad —la idea de Dios es anticuada, alegan los estudiantes. ¿Qué más se podría esperar de todo esto? No nos extrañemos pues de que los jóvenes que crecen así terminen por ser inmorales. La Biblia nos advierte una y otra vez que ninguna nación inmoral podrá sobrevivir, y que ningún individuo inmoral entrará en el reino de Dios.

Uno de los Diez Mandamientos dice: "No cometerás adulterio" (Exodo 20:14). Entiendo perfectamente que este asunto delicado ya no es considerado tabú por los clérigos; los periódicos lo mencionan, los escritores pornográficos lo hacen el tema de sus escritos; las comadres lo hacen la comidilla cotidiana. Asimismo, los jóvenes y niños lo convierten en tema de sus conversaciones, y algunas revistas lo ilustran con fotografías. Pero ante todo, lo que más nos atañe es el hecho de que la Biblia lo menciona mucho como uno de los pecados más graves. Entonces, por amor a todo lo que es justo, decente y santo, ¿por qué los predicadores no ponen sobre aviso a la gente?

La Biblia repetidamente nos dice: "No cometerás adulterio." ¿Qué significa la palabra adulterio? Se deriva del vocablo latino *adulterare,* de donde derivamos la palabra adulterar, que significa "corromper; hacer impuro o debilitar".

El pecado no consiste únicamente en participar de lo que es corrupto, sino en hacer mal uso de aquello que es puro y bueno. Entonces, el adulterio se puede aplicar a muchas cosas. Ese pecado era tan espantoso bajo la legislación judía, que merecía la pena de muerte. También los romanos y griegos lo castigaban con la pena capital. Bajo la ley de Dios, dice su Palabra que se castiga con la muerte espiritual.

En la Palabra de Dios está escrito: "Pero la que se entrega a los placeres, viviendo está muerta" (1 Timoteo 5:6). Y agrega en otro lugar: "Porque la paga del pecado es muerte" (Romanos 6:23). Entendemos aquí el deber de conservar nuestros cuerpos puros, absteniéndonos del placer carnal, porque es pecado no sólo contra el cuerpo, sino contra Dios.

Puros en nuestras mentes

Cristo también desea que seamos *puros de mente.* William Barclay dijo: "Pensamientos puros son aquellos pensamientos que pueden ser examinados por el Espíritu Santo." Pablo dijo: "Por lo demás, hermanos, todo lo que es verdadero, todo lo honesto, todo lo justo, todo lo puro, . . . en esto pensad" (Filipenses 4:8).

Volviendo al problema de la castidad, fijémonos que Jesús

dijo: "Oísteis que fue dicho: No cometerás adulterio. Pero yo os digo que cualquiera que mira a una mujer para codiciarla, ya adulteró con ella en su corazón" (Mateo 5:27, 28).

Se pueden cometer actos inmorales mediante las *imaginaciones perversas*. En Génesis 6:5 leemos: "Y vio Jehová que la maldad de los hombres era mucha en la tierra, y que todo designio de los pensamientos del corazón de ellos era de continuo solamente el mal". A Dios le preocupan nuestras imaginaciones, porque determinan en su mayor parte la clase de personas que seremos.

Salomón dijo: "Porque cual es su pensamiento en su corazón, tal es él" (el hombre) (Proverbios 23:7). Si vuestros pensamientos son malvados, vuestros hechos lo serán también. Si vuestros pensamientos son sanos, vuestra vida igualmente lo será.

Roberto Browning dijo: "El pensamiento es el alma de la acción." Y Ralph Waldo Emerson agrega: "El pensamiento es el asiento de los hechos; el antecesor de cada hecho es un pensamiento."

Si Dios destruyó al mundo en una ocasión por sus continuas imaginaciones de la perversidad, ¿no será lógico pensar que el pecado, la lujuria y el libertinaje que hoy imperan en el mundo, contristen su Espíritu como lo hicieron antaño?

Muchas personas sueñan lo pecaminoso, se lo imaginan y si se les presenta una oportunidad, lo practicarán. Lo único que les falta es la ocasión para pecar. Así que, ante los ojos de Dios, éstos son tan pecadores, como los que de hecho participan de lo pecaminoso.

Toda transgresión comienza por un pensamiento malvado. Los que habéis venido a Jesucristo en busca de la pureza de corazón, guardaos de los cuadros de lujuria y sensualidad que Satanás proyecta sobre la pantalla de vuestras imaginaciones; elegid con cuidado los libros de vuestra lectura; escoged con discernimiento vuestras diversiones, seleccionad vuestras amistades y el ambiente en que debáis estar. Así como no permitís en vuestra sala el bote de la basura, tampoco debéis permitir en vuestra imaginación la entrada y acumulación de pensamientos perversos.

Benjamín Franklin dijo: "Es más fácil suprimir el primer deseo que satisfacer todo lo que le sigue." Y Agustín de Hipona dijo: "La pureza de corazón no puede perderse sin consentimiento." Pide a Dios que limpie tu mente y la conserve purificada. Esto puedes lograrlo mediante la lectura de la Biblia, la oración diaria y la asociación con correcta clase de personas.

Como ya afirmamos, Jesús indicó que podemos cometer inmoralidad con la mirada. La Biblia coloca la "concupiscencia de los ojos" al mismo nivel que los otros pecados. Escuchemos: "Porque todo lo que hay en el mundo, los deseos de la carne, los deseos de los ojos, y la vanagloria de la vida, no es del Padre, sino del mundo" (1 Juan 2:16).

Pedro habló de tener "los ojos llenos de adulterio" (2 Pedro 2:14). No es extraño que Job dijera: "Hice pacto con mis ojos: ¿cómo, pues, había yo de mirar a una virgen?" (Job 31:1).

Vuestros ojos ven solamente lo que vuestra alma les permite. Si vuestro corazón está en disonancia con Dios y no habéis nacido de nuevo, la probabilidad será que tengáis una perspectiva torcida y tergiversada de la vida. Y como Pablo, las escamas de la lujuria y pasión carnal podrán caer de vuestros ojos cuando tengáis una visión de Cristo. En este mismo instante podéis hacer un pacto con vuestros ojos. Tomadlos en vuestra mano y clavadlos en la cruz hasta que podáis decir: "Están juntamente crucificados con Cristo, ya no pertenecen a la lujuria."

La inmoralidad puede practicarse con la *lengua*. Las Escrituras nos previenen contra las malas conversaciones que corrompen las buenas costumbres. El salmista dijo: "Pon guarda a mi boca, oh Jehová; guarda la puerta de mis labios" (Salmo 141:3). Los chistes subidos de color y obscenos no tienen lugar en la vida cristiana. Innumerables personas cometen inmoralidades por la forma de conversar. Mantened vuestra conversación pura. Pedid a Dios que purifique vuestros labios.

Podéis cometer inmoralidades mediante vuestra manera de vestir. Si vosotras vestís para provocar al hombre al pecado, sois culpables, sea que el acto se cometa o no. Una muchacha dijo en una ocasión: "Pasé al frente un día en su reunión y acepté a Jesucristo. Días después me dispuse a asistir a una tertulia. Al vestirme y mirarme en el espejo, sentí como si Jesús me observara. En el acto me dirigí al guardarropa y me cambié de vestido. Ahora visto como si Jesús me acompañara a todas partes." ¡Vestíos como para agradar a Jesucristo! Con modestia y buen gusto a la vez.

Podéis cometer inmoralidades al *leer* libros sucios o al fijar vuestra atención en cuadros obscenos. Nuestros expendios de revistas exhiben tanta indecencia, que un cristiano no puede mirarlos sin sonrojarse. No obstante, innumerables personas siguen adquiriendo literatura sucia y los infames libros de caricaturas. Lo mismo es cierto de nuestras películas y programas de televisión.

Quizá muchos de vosotros que leéis estas páginas habéis cometido el terrible pecado de romper el séptimo mandamiento. Tal vez habéis sido infieles a vuestros cónyuges o vosotros los jóvenes habéis cedido a la tentación del sexo ilícito. Sois impuros en relación con vuestra castidad. El profeta Malaquías escribió:

> Mas diréis: ¿Por qué? Porque Jehová ha atestiguado entre ti y la mujer de tu juventud, contra la cual has sido desleal, siendo ella tu compañera, y la mujer de tu pacto.
>
> ¿No hizo él uno, habiendo en él abundancia de espíritu? ¿Y por qué uno? Porque buscaba una descendencia para Dios. Guardaos, pues, en vuestro espíritu, y no seáis desleales para con la mujer de vuestra juventud.
>
> Porque Jehová Dios de Israel ha dicho que él aborrece el repudio, y al que cubre de iniquidad su vestido, dijo Jehová de los ejércitos. Guardaos, pues, en vuestro espíritu, y no seáis desleales.
>
> Malaquías 2:14-16

Aun cuando la Biblia enseña que tal pecado conduce al infierno, ¡hay buenas nuevas para vosotros! La mujer junto al pozo de Jacob quebrantó el séptimo mandamiento, pero Cristo la perdonó y satisfizo la sed espiritual de su vida. También María Magdalena violó este mandamiento, pero Cristo sació los profundos anhelos de su vida y la limpió de sus pecados. La mujer pecadora que fue tomada en el mismo hecho del adulterio por los fariseos, fue presentada ante Jesús; mas él le dijo: "Ni yo te condeno; vete, y no peques más" (Juan 8:11). El no aprobó sus acciones; pero tampoco la condenó ya que ella había confiado en él. Al despedirla, la envió por su camino, redimida y perdonada. Cristo hará lo mismo con vosotros si se lo permitís.

Puros en nuestras acciones

Dios no sólo quiere que seamos limpios de cuerpo y puros de mente, sino que también seamos *puros en nuestra conducta.*

Pablo dijo: "Ninguna palabra corrompida salga de vuestra boca, sino la que sea buena para la necesaria edificación, a fin de dar gracia a los oyentes" (Efesios 4:29).

Jesús dijo a los fariseos: "¡Generación de víboras! ¿Cómo podéis hablar lo bueno, siendo malos? Porque de la abundancia del corazón habla la boca. El hombre bueno, del buen tesoro del corazón saca buenas cosas; y el hombre malo, del mal tesoro saca malas cosas. Mas yo os digo que de toda palabra ociosa que hablen los hombres, de ella darán cuenta en el día del juicio. Porque por tus palabras serás justificado, y por tus palabras serás condenado" (Mateo 12:34-36).

Las maldiciones, los cuentos obscenos, la difamación y el jurar en el nombre de Dios en vano, o el hablar de las Escrituras en términos irrespetuosos, puede muy bien considerarse como *lenguaje corrupto.* Nuestra conversación debe ser limpia, pura y edificante.

Dentro de las reglas de la buena conducta, tenemos que considerar a nuestras amistades. Pablo dice que "las malas conversaciones corrompen las buenas costumbres". La Biblia nos amonesta a no juntarnos en yugo con los infieles. Esta es una prohibición para que no participemos en negocios, asociaciones, clubes, organizaciones fraternales o religiosas en donde rijan principios no cristianos. Con respecto a lo último, Juan dice: "Si alguno viene a vosotros, y no trae esta doctrina, no le recibáis en casa, ni le digáis: ¡Bienvenido! porque el que le dice ¡Bienvenido!, participa en sus malas obras" (2 Juan 10, 11).

Los cristianos que se encuentran dentro de organizaciones nocivas y malas, son amonestados a abandonarlas: "Por lo cual, salid de en medio de ellos, y apartaos, dice el Señor, y no toquéis lo inmundo; y yo os recibiré" (2 Corintios 6:17). Dios promete que si le obedecemos, nos recibirá dentro de su más secreta e íntima amistad.

La Biblia enseña que la pureza de conducta incluye la *veracidad.* También enseña que debemos ser fieles en la representación de nuestra personalidad. ¡Con cuánto desdén fustigó Cristo la hipocresía de los escribas y fariseos! En el

Sermón del monte censuró la caridad, oración y ayuno hechos con hipocresía.

Deberíamos ser honrados al hablar de nuestras acciones pasadas y de nuestra vocación en lo particular. Dios no quiere que subestimemos los hechos —eso sería una falsedad— pero tampoco quiere que exageremos el valor de nuestras victorias o talentos, ni de palabra, pero tampoco de pensamiento. En la Septuaginta, la versión griega del Antiguo Testamento, Proverbios 24:28 dice: "No exageres con tus labios."

La pureza en nuestros tratos humanos

Debemos, asimismo, ser honrados en nuestros tratos comerciales. Todas las alteraciones en la calidad de la mercancía, toda medida y peso inexactos, toda falsificación de firmas u otros documentos legales y toda alteración injusta en la contabilidad, es pecado; es falsedad, e indica falta de integridad y honradez en la persona. El agricultor que coloca el trigo malo entre dos capas de bueno, al llevarlo al mercado; o el fruticultor que coloca la mejor fruta sobre la peor, son engañadores. El jurista que da falsos informes sobre mercancías sujetas a derechos aduanales, o el que paga contribuciones y no da informes exactos sobre sus entradas, son deshonestos.

El ser limpios en la conducta implica también *honradez e integridad* en nuestros tratos. Los empresarios deberán remunerar bien a sus empleados por el trabajo, y los empleados a su vez tendrán que devengar el salario que se les paga, no defraudando, ya sea que se les pague por jornal o por horas de trabajo. Un cristiano debe ser conocido en su barrio o negocio como persona honrada a carta cabal, e íntegro en todo.

La pureza y la felicidad son posibles

Jesús dijo: "Bienaventurados los de limpio corazón."

¿Queréis ser dichosos? Muy bien, aplicad esta Bienaventuranza a vuestro corazón. Llevadla con vosotros. Los de limpio corazón son los únicos que pueden saber lo que significa la suprema felicidad. Sus corazones son puros para con Dios y como resultado, ellos también son limpios en los tratos con sus semejantes.

Son felices porque poseyendo al que es Todo y en todo, no

envidian los bienes terrenales de nadie. Son felices porque no codician el elogio o la posición social de otros. Y porque no son enemigos de nadie, no consideran a ninguno como enemigo. Como resultado, tendrán paz con Dios y con el mundo. Y porque sus pecados les han sido perdonados gratuitamente, también ellos perdonarán a otros con creces. Es así como estarán libres de toda altanería y malicia.

Empero, la mayor dicha que pueden disfrutar los de limpio corazón, no es únicamente una relación justa con los demás, sino una sublime afinidad con Dios. "Porque ellos verán a Dios." Las puertas del paraíso nuevamente se abren de par en par, Dios y el hombre pueden ya caminar juntos.

Muramos a la impureza

De la vieja revista *Hi Call* procede esta historia:

Un joven ministro visitaba un pueblo minero y tuvo ocasión de bajar a la mina acompañado. En uno de aquellos oscuros y sucios pasillos, observó la presencia de una bellísima flor blanca que crecía en medio de la tierra negra de la mina. "¿Cómo puede haber una flor de tanta belleza y pureza en un lugar como este?", preguntó al minero. "Arroje algo de polvo de carbón y vea lo que sucede", fue la respuesta. El ministro lo hizo y quedó sorprendido al ver que tan pronto como el sucio polvo tocaba aquellos pétalos blancos como la nieve, el polvo resbalaba cayendo al suelo y dejando los pétalos tan bellos como eran. Eran tan suaves que la suciedad no quedaba prendida en la flor.

Nuestros corazones pueden ser así también. No podemos evitar el vivir en un mundo que está lleno de pecado, como tampoco la flor podía cambiar el lugar donde había nacido. Pero Dios puede conservarnos tan puros y limpios que aunque estemos rodeados del pecado por todas partes, éste no se pegue. Podemos estar en medio de él tan bellos y blancos como la flor.

¡El secreto de la pureza es Dios mismo! La clave para conocerlo y verlo es un corazón limpio . . . ¡un corazón limpio que procede de Dios! ¡Tened corazones limpios y seréis soberanamente felices, a pesar de las circunstancias que puedan rodearos!

8

La Felicidad de los Pacificadores

"Bienaventurados los pacificadores,
porque ellos serán llamados hijos de Dios."
Mateo 5:9

El problema de la rivalidad entre los hombres es tan antiguo como la misma humanidad. Tuvo su origen en las inmediaciones del Edén, cuando Caín, impulsado por la envidia, mató a su más piadoso hermano Abel. Desde entonces, los hombres pelean como ahora; primordialmente, porque el antagonismo es inherente a su naturaleza.

Jesús habló proféticamente de nuestros tiempos cuando dijo: "Y oiréis de guerras y rumores de guerras . . . porque se levantará nación contra nación, y reino contra reino . . ." (Mateo 24:6, 7). Alguien ha dicho que en los últimos 4.000 años únicamente hemos disfrutado de 300 años escasos de paz. Con sorpresa uno se pregunta qué es eso de la paz universal, porque lo más probable es que a lo largo de toda la historia ha habido siempre una guerra, o guerras, en alguna parte del mundo. Aun la persona más optimista debe admitir que algo muy grave y serio le pasa a un mundo que padece tal fiebre de destrucción.

Si un marciano fuese enviado desde su planeta a la tierra para informar sobre la principal actividad de los habitantes del globo, en honor a la verdad tendría que informar que la guerra es la mayor industria de la tierra. Informaría que las naciones del mundo rivalizan unas con otras en una carrera para ver quién puede fabricar las armas más mortíferas y organizar los más poderosos ejércitos. Denunciaría, además, que los habitantes de la tierra son demasiado pendencieros como para hacer buenas migas entre sí, y demasiado egoístas para vivir juntos en sana paz.

El doctor Robert Oppenheimer, quien supervisó la creación de la primera bomba atómica, fue citado para comparecer ante un comité del Congreso. Le preguntaron si había alguna defensa contra tan pavorosa nueva arma de guerra. El gran físico replicó:

—Sin duda.

—¿Cuál es? —preguntó alguien.

Los presentes esperaron la respuesta en absoluto silencio.

—Paz —contestó el eminente físico.

La búsqueda de la paz

Pero, ¿por qué después de tantos siglos de existencia sobre este planeta no estamos más cerca de la paz que las tribus guerreras de la antigüedad?

El mundo busca desesperadamente la paz. Hay millones de personas que darían contentas su brazo derecho con tal de encontrarla. Les gustaría tener paz, paz profunda, interna, satisfactoria.

También anhelan la paz en nuestro mundo, para verse libres de conflictos y guerras, libres del odio y tensiones que dividen a las familias y a los pueblos, y libres del temor del futuro, del temor de que una computadora funcione mal o que un dictador maniático apriete el botón nuclear o bioquímico y aniquile la civilización tal como la conocemos hoy.

Muchos en el mundo piensan que la paz vendría si cada uno ganara bastante dinero, pero la gente no encuentra la paz en las posesiones. Piensan que el mundo tendría paz si todas las armas se destruyeran. Olvidan que Caín mató a Abel sin armas. No quieren darse cuenta de que el problema radica en el corazón del hombre.

Algunos piensan que pueden encontrar la paz en una botella, pero no la hallan. Otros piensan que se puede encontrar la paz en conseguir y acumular mucho conocimiento, de manera que alcancen todos los títulos que puedan lograr, pero todavía no la hallan. Algunos también la buscan en las religiones del mundo, inclusive las exóticas y los cultos deformadores de la mente, pero tampoco allí encuentran la paz.

Hay miles de sendas por las que hemos andado tratando de encontrar la paz, pero todo ha sido en vano. Nos hemos escapado de la realidad por un instante, unas pocas horas, pero después nos hemos reencontrado con las viejas cargas, el viejo sufrimiento, el viejo vacío, la antigua monotonía y rutina. Cristo Jesús es el único que puede darnos "la paz de Dios, que sobrepasa todo entendimiento".

La cosa es muy sencilla: no puede haber una paz genuina en el mundo hasta que nos reconciliemos con Dios.

El lema de la nave espacial Apolo II que fue a la luna, era: "Venimos en paz en nombre de la humanidad." Este lema estaba en la placa que fue depositada en la superficie lunar, en el Mar de la Tranquilidad donde alunizaron. Los astronautas Neil Armstrong y Buzz Aldrin encontraron en la luna un lugar sumamente tranquilo. ¿Sabes por qué? ¡Porque allí nunca antes hubo seres humanos!

Albert Einstein declaró poco después del desarrollo de la primera bomba atómica: "El poder desatado del átomo lo ha cambiado todo excepto nuestra manera de pensar. Se requiere una sustancial manera nueva de pensar si la humanidad quiere sobrevivir." Un fotógrafo que había notado la inmensa tristeza de la faz de Einstein, le preguntó más tarde:

—¿Entonces, usted no cree que habrá paz alguna vez?

A lo que el gran científico contestó:

—No, mientras que exista el hombre habrá guerras.

La paz es algo más que el simple cese de hostilidades, que la simple pausa en la guerra fría o caliente. Más bien es algo positivo. Es una relación especial con Dios a lo que la persona es llevada. Es una realidad espiritual en el corazón humano que ha entrado en contacto vital con el Dios infinito.

La Palabra de Dios dice: "Pero ahora en Cristo Jesús, vosotros que en otro tiempo estabais lejos, habéis sido hechos cercanos por la sangre de Cristo. Porque él es nuestra paz, que de ambos pueblos hizo uno" (Efesios 2:13, 14).

Reparando las líneas

Vi una pintura en Inglaterra que representaba a un soldado dirigiéndose al frente de batalla para reparar las líneas de comunicación. El mensaje que debía transmitirse por esas líneas significaba la vida para cientos, quizá miles, de personas. El soldado encontró una rotura en los alambres, pero no teniendo con qué repararla y en tanto que las bombas enemigas explotaban por todos lados, en torno suyo, tomó un extremo del cable roto en su mano izquierda y extendiendo la derecha cogió el otro extremo, quedando así establecida la conexión. El dramático cuadro tenía como título una sola palabra: "Conectado."

Cristo, mediante su muerte vicaria en la cruz, arregló el rompimiento entre Dios y el hombre. La Biblia dice: "El es nuestra paz" (Efesios 2:14). A los que estaban lejos hizo cercanos . . . de ambos hizo uno. *¡Sólo por medio de él tenemos paz!*

Aunque Dios jamás haya sido enemigo del hombre, éste decidió convertirse en su adversario. La enemistad comenzó en el Paraíso cuando Adán se sublevó contra su Creador asociándose con Satanás. Fue allí donde comenzó la discordia, y donde el hombre deliberadamente abrió la inmensa brecha que lo separó de Dios. Enemistad y enemigo proceden de la misma raíz.

La historia del hombre no ha sido más que un esfuerzo fútil para vivir dichoso, separado de su Creador. Cuando Israel abandonó a Jehová para irse en pos de los ídolos, perdió su paz, y como resultado se convirtió en fácil presa de otras naciones, estando en una serie de conflictos armados. Todo paso que se dé, alejándose del Dios viviente y verdadero, conduce hacia el conflicto.

Hitler se sintió muy seguro de sí mismo cuando atacó a la Biblia y al cristianismo, con el fin de organizar una iglesia "nórdica" donde se rindiese culto a un dios parecido a Tor y Voden, los dioses de la guerra. Ya todos sabemos la historia de lo que ocurrió después en Alemania. Un gobierno que superficialmente parecía lo bastante poderoso como para conquistar al mundo, cayó y se desmoronó rápidamente. En la actualidad vemos que una nueva Alemania surge de los escombros de la Segunda Guerra Mundial. En nuestras giras por ese país nos dimos cuenta del ferviente anhelo de este pueblo talentoso y viril que ambiciona tener una fe que le brinde paz.

Jesús dijo: "Bienaventurados los pacificadores, porque ellos serán llamados hijos de Dios." Notemos que él nos llamó a ser *pacificadores,* no pacifistas. Hay un mundo de diferencia entre los dos.

¿Por dónde comienza la pacificación? ¿Cómo podremos ser pacificadores?

Ya indicamos que la paz nunca podrá resultar de la guerra. Por el contrario, la guerra es madre de la pobreza, la depresión, el sufrimiento y el odio; pero jamás nos ha legado una paz permanente.

¿Podremos, acaso, descubrir la paz dentro de nosotros mismos? Un psiquiatra nos dice que la paz es sólo una actitud mental. Pensamos: Hagamos a un lado nuestras fobias, descartemos nuestras neurosis y ¡encontramos la codiciada paz que tanto anhelan los hombres!

La psiquiatría sola no es suficiente.

Respeto a la psiquiatría y a la psicología por lo que pueden lograr. Uno de mis yernos es un psicólogo cristiano y ha dedicado su vida a ayudar a las personas que tienen problemas emocionales, muchos de esos problemas, me dice, tienen una relación directa con problemas morales y espirituales que han llevado a la persona a una situación de inseguridad e inestabilidad. Pero la estabilidad emocional y la paz mental no pueden sustituir la paz interna y permanente que viene sólo de Dios. Si la psiquiatría deja a Dios de lado, resulta lo que ya sucede, que un psiquiatra va a otro psiquiatra buscando ayuda y tratamiento. No puede haber paz hasta que no la encontramos en Dios. La Biblia dice: "Porque él es nuestra paz" (Efesios 2:14).

La Biblia no nos deja en duda tocante a la naturaleza de la paz que Cristo alcanzó para nosotros. Nos presenta la paz en la forma más clara y sencilla que puede existir. Cristo logró la paz por la sangre de su cruz. (Colosenses 1:20.) El llevó los pecados de los hombres, y quienes lo han conocido como su Salvador, no tendrán que preocuparse más por sus culpas. El intervino entre el hombre condenado a juicio y la ira de Dios. Y todavía interviene entre el Dios Santo y la criatura caída, rodeada de luchas y conflictos. El es la única esperanza de paz en los trances internos del alma, y por ende, la única esperanza de bienestar social.

En un mundo materialista que procura romper relaciones diplomáticas con Dios, no tendríamos otro refugio a donde acudir, más que dentro de nosotros mismos. Siendo éste el caso, estaríamos como tortugas que caminan por un laberinto; lo único que podríamos hacer, es meter la cabeza y cerrar nuestros ojos. Con todo, esto no sería más que un buen modo de morir por aplastamiento o trituración, como lo puede atestiguar cualquier tortuga muerta.

¿Dónde empieza la paz?

¿Dónde empieza el proceso de paz? ¿Cómo podemos llegar a ser pacificadores en un mundo roto, nervioso, atemorizado y peligroso?

Si hemos de ser pacificadores, tenemos primeramente que hacer nuestra paz con Dios.

La Biblia dice: "No hay paz para los malos, dijo Jehová" (Isaías 48:22). "No conocieron camino de paz, ni hay justicia en sus caminos; sus veredas son torcidas; cualquiera que por ellas fuere, no conocerá paz" (Isaías 59:8).

El conflicto del hombre con el hombre sólo ha sido una expresión horizontal de su lucha contra Dios. Hasta que éste concierte un armisticio con Dios, no podrá lograr la paz con sus semejantes. Algunos individuos, tanto del pasado como del presente, han encontrado la paz con Dios. David dijo: "En paz me acostaré, y asimismo dormiré; porque sólo tú, Jehová, me haces vivir confiado" (Salmo 4:8).

Un individuo, otrora pagano, pero que recientemente encontró la paz con Dios, hace poco me contó: "Mi esposa y yo, acostumbrábamos altercar por la mañana, al levantarnos, lo mismo que al retirarnos a dormir, pero desde que nos reconciliamos con Dios, nuestro hogar se ha convertido en un cielo sobre la tierra." Vosotros también podréis tener paz con Dios. ¿Cómo?, preguntaréis.

Es preciso un cese de hostilidades

El primer paso para encontrar la paz con Dios, consiste en abandonar la lucha contra él. A través de la Biblia, por medio de la iglesia, y mediante la instrumentalidad de los cristianos, Dios ha procurado acercarse a vosotros con un mensaje de paz. Cristo dijo a sus discípulos: "Mi paz os doy" (Juan 14:27). El no hace acepción de personas y quiere daros paz también a vosotros; pero no puede hacerlo mientras sigáis sosteniendo en alto la bandera roja de vuestra rebelión. Debéis abandonar toda resistencia. Debéis abrirle la puerta de par en par y suspender toda hostilidad. Debéis rendiros.

El soláz del sometimiento

El segundo paso hacia la reconciliación con el Creador, estriba en vuestro sometimiento a él. ¡Rendidle vuestras armas! ¡No sigáis la ofensiva! ¡Cesad de ofenderle! La Biblia dice a los que se han reconciliado con Dios: "No endurezcáis, pues, ahora vuestra cerviz como vuestros padres; someteos a Jehová, y venid a su santuario" (2 Crónicas 30:8).

Capitulando ante un adversario "amistoso" —uno que os ama— actuaréis con buen sentido común.

La paz que resulta de nuestra aceptación de Cristo como Salvador, es mucho mejor que la paz mundana. Es también el mayor de los tesoros espirituales, aunque no siempre nos brinde prosperidad material. El conocer a Cristo, es poseer inconmensurable caudal; es poseer el reino de los cielos. Los hombres y mujeres que sepan dar a Cristo el primer lugar, descubrirán que no necesitan preocuparse más por los bienes terrenales, porque él ha prometido: "Buscad primeramente el reino de Dios y su justicia, y todas estas cosas os serán añadidas" (Mateo 6:33).

Sin embargo, hay otro aspecto más de la paz con Dios a considerar. La paz de que hablamos, no es pasiva ni conduce a tirarse debajo de un árbol para dormir tranquilamente la siesta: no, ésta es una paz de actividad y servicio.

El secreto del servicio

El tercer paso hacia la paz con Dios, es la dedicación a su servicio. La Biblia advirtió a un antiguo pueblo que buscaba la paz, que no únicamente debería rendirse, sino también "servid a Jehová vuestro Dios, y el ardor de su ira se apartará de vosotros" (2 Crónicas 30:8).

No hay nada más maravilloso en toda nuestra vida que el descubrimiento de la paz con Dios. El primer paso hacia este descubrimiento es darnos cuenta de que el plan de Dios es que tengamos paz y vida. Dios te ama y quiere que tú experimentes paz y vida, abundante y eterna.

La Biblia nos dice: "Tenemos paz para con Dios por medio de nuestro Señor Jesucristo" (Romanos 5:1). Y Juan 3:16 dice: "Porque de tal manera amó Dios al mundo, que ha dado a su Hijo unigénito, para que todo aquel que en él cree, no se pierda, mas tenga vida eterna." En Juan 10:10 Jesús dice: "Yo he venido para que tengan vida, y para que la tengan en abundancia."

Si el plan de Dios para nosotros es que tengamos paz y vida abundante ahora mismo, ¿por qué hay tantos que no disfrutan de esta experiencia? El segundo paso es reconocer el problema humano, que es separación. Dios creó al hombre a su propia imagen y le dio vida abundante. No le hizo como un robot para que automáticamente le amara y le obedeciera, sino que le dio una voluntad y la libertad de escoger. El hombre eligió desobedecer a Dios e ir por su propio camino. El hombre también hace esta elección hoy. El resultado es separación de Dios.

La Biblia nos dice: "Por cuanto todos pecaron, y están destituidos de la gloria de Dios" (Romanos 3:23). Y en Romanos 6:23, Pablo dice: "Porque la paga del pecado es muerte (separación de Dios), mas la dádiva de Dios es vida eterna en Cristo Jesús Señor nuestro." El hombre ha intentado sin éxito a través de los siglos llenar este vacío de mil maneras.

Existe sólo un remedio para este problema de separación. El paso tercero es reconocer el remedio de Dios, que es la cruz. Jesucristo es la *única* respuesta a este problema de separación. Cuando Cristo Jesús murió en la cruz y se levantó de la tumba, pagó el castigo por nuestros pecados y tendió el puente entre Dios y el hombre. Su *muerte y resurrección* hicieron posible una nueva vida para todos aquellos que creen.

"Porque hay un solo Dios, y un solo mediador entre Dios y los hombres, Jesucristo hombre" (1 Timoteo 2:5).

La Biblia dice: "Mas Dios muestra su amor para con

nosotros, en que siendo aún pecadores, Cristo murió por nosotros" (Romanos 5:8). Juan escribe: "Jesús le dijo: Yo soy el camino, y la verdad, y la vida; nadie viene al Padre, sino por mí" (14:6). Y Pablo nos dice: "Porque por gracia sois salvos por medio de la fe; y esto no de vosotros, pues es don de Dios; no por obras, para que nadie se gloríe" (Efesios 2:8, 9).

Dios ha provisto el único camino . . . El hombre debe decidir. El paso cuarto es que el hombre responda recibiendo a Cristo. Debemos confiar en Cristo Jesús y *recibirle* por invitación personal. La Biblia nos dice: "He aquí, yo estoy a la puerta y llamo; si alguno oye mi voz y abre la puerta, entraré a él, y cenaré con él, y él conmigo" (Apocalipsis 3:20). "Mas a todos los que le recibieron, a los que creen en su nombre, les dio potestad de ser hechos hijos de Dios", escribe el apóstol Juan (1:12).

¿Hay alguna razón verdadera que te impida recibir a Cristo Jesús ahora mismo? Debes:

1. Admitir tu necesidad (soy un pecador).
2. Estar dispuesto a apartarte del pecado (arrepentirte).
3. Creer que Cristo Jesús murió por ti en la cruz y que se levantó de la tumba.
4. Por medio de la oración, invita a Jesucirsto a entrar y controlar tu vida. (recíbele como Señor y Salvador).

Si damos estos pasos podemos tener la seguridad de que ". . . todo aquel que invocare el nombre del Señor, será salvo" (Romanos 10:13). Si le pedimos sinceramente a Cristo Jesús que venga a nuestra vida, tenemos su promesa: "El que tiene al Hijo, tiene la vida [ahora mismo]; el que no tiene al Hijo de Dios no tiene la vida. Estas cosas os he escrito a vosotros que creéis en el nombre del Hijo de Dios, para que sepáis que tenéis vida eterna, y para que creáis en el nombre del Hijo de Dios" (1 Juan 5:12, 13).

Tiempo atrás, un operario cristiano se lastimó fatalmente al caer de un elevado andamio, de una obra en construcción. Después de llamarse al pastor, éste se dio cuenta de la gravedad del accidentado y le dijo:

—Mi querido hermano, me temo que usted no vivirá. Le exhorto a hacer paz con Dios.

—¿Hacer mi paz con Dios, señor? —replicó el hombre—, ¿por qué?, ¡si ya fue hecha hace veinte siglos cuando mi glorioso

Salvador, en aquel tosco madero pagó toda mi deuda! ¡Cristo es mi paz, yo conozco a Dios, yo lo conozco!"

Vosotros también podéis experimentar la paz de Dios en Cristo: "Porque él es nuestra paz" (Efesios 2:14).

Llamados a ser pacificadores

Tener paz con Dios y tener la paz de Dios, no basta. Esta relación vertical debe tener una repercusión horizontal; de lo contrario, todo será inútil. Jesús dijo que deberíamos amar a Dios con todo el corazón y a nuestro prójimo como a nosotros mismos. Este binario amor para Dios y el hombre, es como los polos positivo y negativo de una batería; a menos que se hagan ambas conexiones, no habrá poder. Una fe personal es inútil sin una aplicación práctica en lo social. Una notable excepción sería el ladrón en la cruz y otras situaciones similares.

En una ocasión vi una caricatura de un hombre que remaba hacia la playa de oro, marcada con el marbete "cielo". Por todas partes se veía a hombres y mujeres luchando en vano por alcanzar la playa y ponerse a salvo; no obstante, aquel santo señor, parecía ignorar todo el peligro en que ellos estaban. Sólo cantaba: "Voy al cielo, ¡aleluya!" Este no es cuadro apropiado de la vida cristiana.

Si tenemos la paz de Dios y paz *con* Dios, nos convertiremos en pacificadores. Y no únicamente estaremos en paz con los vecinos, sino que los persuadiremos a que descubran el hontanar de la verdadera paz en Cristo.

El cristianismo multiplica el radio de acción de nuestras vidas. Nos desvía de lo egocéntrico a lo multicéntrico, y nos saca de la introversión a la extroversión.

Al encontrar la paz con Dios, nuestras vidas alcanzan nuevas dimensiones. Para explicar esto en términos comprensibles, imaginémonos un triángulo asentado sobre su base horizontal. En el vértice o cúspide, dibujemos la letra "D" para representar a Dios. En el punto donde la línea perpendicular se une a la base, pongamos una "O" que representa a otros. En el punto opuesto, dibujemos la letra "Y" que representa al yo. Así, en forma geométrica, tenemos un diagrama visual de nuestra relación con Dios y con el hombre. Nuestras vidas, antes representadas por medio de un puntito central, abarcan ahora una extensión de contacto vital con dos mundos. La paz fluye de Dios hacia nosotros y hacia nuestros semejantes. Nosotros únicamente nos convertimos en el canal por el cual fluye. Empero, hay paz en el solo hecho de ser "canales".

Pacificadores en el hogar

Hay muchas esferas de acción en la vida diaria, donde podremos actuar como pacificadores, ya que todo nuestro ser se verá afectado por la paz de Dios, la cual también hemos de compartir con otros.

En primer término: Podemos ser pacificadores en el *hogar*.

En una era compleja mecanizada, no es cosa fácil mantener una vida doméstica armoniosa. Los aparatos modernos, las comunicaciones rápidas y la cambiante sociedad no han hecho otra cosa que revolucionar nuestra vida doméstica; la familia es dividida y cada cual va por su lado. Las viejas tertulias y agasajos familiares han pasado a la historia, juntamente con el caballo y la diligencia.

Muchos hogares hoy han quedado reducidos a la condición de simples hoteles, donde los miembros de la familia comen y duermen pero tienen escasa comunicación entre sí. Una mujer me escribió diciéndome: "Mi hogar es una zona de guerra." Muchas importantes revistas hablan de los "niños cerradura", niños que llegan de la escuela a una casa vacía, que apenas ven a los padres y que crecen con escasez de amor y disciplina. La tendencia de nuestra sociedad es: "¡Adelante! ¡Preocúpate de ti y olvídate de los demás! ¡Gobierna tu propia vida!" En ese proceso la familia se desintegra y los niños crecen emocionalmente temerosos e inseguros debido a que no han conocido la estabilidad de una familia feliz.

El índice de divorcios se ha elevado dramáticamente en las últimas décadas. El hogar, unidad básica de nuestra estructura social, sigue desintegrándose en proporción alarmante. El rompimiento de los votos conyugales hace sentir su efecto también en otras instituciones sociales. Existe asimismo el peligro de que una serie de reacciones de índole perniciosa destruya finalmente a la nación.

En la ceremonia nupcial, después de repetir los votos, el ministro, con solemnidad y reverencia, advierte: "Lo que Dios juntó, no lo aparte el hombre." ¿Acaso no es Dios la parte otorgante del matrimonio y por lo mismo, esencialmente importante? ¿Que no debe tomársele en cuenta en la nueva unión y en el hogar que acaba de establecerse? Si Dios une a la pareja al principio, ¿por qué no hemos de reconocer su presencia en el hogar continuamente?

Muchos hogares han naufragado porque eliminaron a Dios de la vida doméstica. En medio del continuo choque de personalidades dentro del hogar, tiene que haber una fuerza integrante, la del Dios viviente.

El puede poner amor donde sólo ha habido odio o indiferencia. El puede hacer que un esposo se torne sensible a las necesidades de su esposa, y una esposa sensible a las necesidades de su marido, en vez de ser dos personas que sólo saben clamar y demandar la satisfacción de sus propias necesidades. El amor verdadero que se vuelca generoso a favor de otros, ese amor que Dios tiene por nosotros y que él puede darnos para con otros, es como un diamante precioso que arroja rayos de luz de sus múltiples facetas. La Biblia nos da el resumen más conciso y profundo sobre el amor que podemos encontrar en la literatura universal: "El amor es sufrido, es benigno; el amor no tiene envidia, el amor no es jactancioso, no se envanece; no hace nada indebido, no busca lo suyo, no se irrita, no guarda rencor; no se goza de la injusticia, mas se goza de la verdad. Todo lo sufre, todo lo cree, todo lo espera, todo lo soporta" (1 Corintios 13:4-7).

Un caballero vino para consultarme sobre ciertos serios problemas domésticos. El y su esposa altercaban violentamente sobre cosas baladíes. Cada quien se culpaba por esas desavenencias, y la tensión llegó a tal grado que el hogar estuvo a punto de sucumbir. Le hice una pregunta, cuya respuesta ya conocía de antemano: "¿Asisten usted y su esposa a la iglesia, o tienen oración familiar?" La respuesta fue negativa.

"Señor", repliqué, "sus dificultades en el hogar son el reflejo de su carencia de paz con Dios. Reconcíliese con Dios y los problemas con su esposa se acabarán."

El caballero hizo exactamente como le aconsejé, y en arrepentimiento confesó su pecado a Dios. Instantáneamente me pude dar cuenta de que su expresión facial cambiaba al recibir la paz de Cristo en su corazón. La caridad de su rostro reflejaba el brillo interior de su alma. Poco tiempo después, condujo a su esposa a la fe de Cristo. Ahora poseen un hogar feliz, porque tienen a Jesucristo como cabeza de la familia.

Muchos matrimonios piensan que si tuvieran una residencia mejor, o un trabajo bien remunerado, o que si pudieran vivir en otro vecindario, su vida hogareña sería más feliz. ¡Yo no opino de esta manera! Para mí, el secreto de la vida doméstica consiste en permitir a Dios, otorgante único del connubio, ocupe el lugar que le corresponde en la familia. Reconciliaos con él; sólo así podréis convertiros en verdaderos pacificadores dentro del hogar.

La paz y nuestra comunidad

En segundo lugar: Podemos ser pacificadores en la *comunidad*.

En nuestra sociedad abundan la calumnia, la difamación y el chisme. Los altercados, en muchas comunidades, han llegado hasta lo insoportable. Así pues, encontramos que el origen de todas estas cosas es una imperfecta relación con Dios.

La Biblia dice: "Manifiestas son las obras de la carne:. . . enemistades, pleitos, celos, iras, contiendas, . . . envidias" (Gálatas 5:19-21). Esto no es de extrañarse, pues aun en las comunidades cristianas del siglo primero había estos problemas. No obstante, la expresión "mirad cómo se aman unos a otros" fue la opinión generalizada de aquellos que observaban a la comunidad cristiana.

¿En qué forma podéis ser pacificadores dentro de vuestra comunidad?

El método es muy sencillo: primeramente buscad una reconciliación con Dios; entonces podéis ser pacificadores dentro de vuestra comunidad. El fruto de la naturaleza humana, es la discordia y disputas; "mas el fruto del Espíritu es amor, gozo, paz, paciencia, benignidad, bondad, fe, mansedumbre, templanza" (Gálatas 5:22, 23).

Nuestra mayor dificultad estriba en haber querido organizar una sociedad modelo sin tomar en cuenta a Dios. La Biblia ha desaparecido de las escuelas, y a Dios se le ha eliminado de la conversación. El resultado ha sido una declinación en la decencia y un resurgimiento de la inmoralidad. No obstante, la paz y el decoro podrán ser restaurados cuando los individuos en la sociedad den a Dios el lugar que le corresponde.

Esto no quiere decir que los problemas tan complejos que

enfrentan nuestras comunidades sean fáciles de resolver. Pero pueden ser aliviados y nosotros no debemos retirarnos o rehusar echar mano para desenredar algunos de los problemas e injusticias que agobian a algunas comunidades. Tampoco debemos quedarnos mirando mientras que los que siembran el mal confunden las mentes y corrompen los cuerpos de nuestros jóvenes. Pablo dedicó dos años a estar en Efeso y las prácticas corrompidas de los magos y otros en aquella ciudad pagana retrocedieron. Necesitamos más hombres y mujeres que estén deseosos, por amor de Cristo, de envolverse en las preocupaciones de sus comunidades y en su nombre ser pacificadores.

En relación con la paz racial, permíteme decir que para los verdaderos cristianos no existen los problemas raciales. El terreno alrededor de la cruz tiene el mismo nivel para todos y ante los ojos de Dios no hay ciudadanos de segunda clase. Reconocemos que los problemas son grandes y que no se resuelven de la mañana a la noche; pero si todas las personas envueltas pudieran asegurar que están en paz con Dios, sería bien sencillo hacer la paz unos con otros. Si abordamos el problema con actitudes vengativas intolerantes y anticristianas no tenemos otro destino que el fracaso y el desastre.

Paz en la iglesia

En tercer lugar: Podemos ser pacificadores en la *iglesia*.

Es mejor enfrentarnos de inmediato al problema; las rivalidades se han infiltrado dentro de la vida religiosa. Es muy cierto que la iglesia está todavía en su estado militante, pero su milicia debe consistir en una lucha tenaz, en pro de una consagración a la verdad revelada y a la santidad en el vivir; mas no en camorras y disputas dentro de los muros del templo.

En el capítulo segundo del Evangelio de Lucas, leemos que a José y a María se les extravió Jesús. ¿Dónde se les extravió? ¡Increíble! Se les extravió en el lugar que menos esperaban, en el templo. Extraño como parezca, pero ya he visto que muchas personas han perdido de vista a Jesús en el templo. Lo han perdido al presenciar una disputa sobre quién debería ser el director del coro, o quién debería tocar el órgano, o quién debería, o no, ser diácono o ministro. Siendo humanos como lo somos, aunque seamos cristianos, es fácil para nosotros perder de vista a Jesús aun dentro del templo.

Supe de dos diáconos que tuvieron serias disputas a causa de una antigua cerca que servía de lindero a unos terrenos. Los querellantes no se hablaban desde hacía mucho tiempo. Mas uno de ellos, deseando reconciliarse, tomó su Biblia y se fue a buscar a su vecino. Al llegar frente a él, ofreció el Libro a su antiguo rival y dijo:

—Juan, lee tú la Biblia para que yo ore. Seamos amigos otra vez.

Juan, tentaleando para buscar sus anteojos, respondió: —No puedo leer porque no encuentro mis lentes.

—Toma los míos —replicó el amigo en tono pacificador.

Después de que juntos leyeron la Palabra de Dios y oraron, se levantaron, dándose un abrazo fraternal. Juan devolvió los anteojos a su vecino y dijo entre sollozos:

—Tomás, ese viejo valladar se mira diferente con tus anteojos.

Cuando tenemos la paz de Dios, podemos ver las cosas a través de los anteojos del vecino en forma diferente. Actuando así, nos convertimos en pacificadores.

Creando paz en el trabajo

En cuarto lugar: Podemos ser pacificadores en el *trabajo*.

Uno de los puntos de mayor tensión en nuestra economía se encuentra en las relaciones obrero-patronales. Muchas industrias en la actualidad reconocen que el conflicto es costoso para ambas partes, y por tanto, tratan de buscar la paz y un acercamiento mutuo por la fe en Dios.

Un ministro nos escribió hace poco, manifestando que actuaba como capellán de tres plantas industriales en el estado de Indiana. Los dirigentes descubrieron que si asistían junto con sus empleados a escuchar la predicación una vez por semana, todos experimentaban mejor estado de ánimo y mayor espíritu de armonía.

En Londres, un industrial rindió su corazón a Cristo. Poco después nos escribió que ahora acostumbraba tener un servicio religioso en su fábrica, al que asisten regularmente doscientas personas. "Jamás habíamos disfrutado de tanta paz en nuestra fábrica como ahora", agregó.

¿Queréis también vosotros ser pacificadores industriales? Podéis serlo, seáis obreros o patrones, si primero buscáis vuestra reconciliación con Dios, y después procurando con la ayuda de su gracia, impartir esa paz a otros.

Cuando empleados y patrones conozcan verdaderamente a Jesucristo, podrán asestar un golpe mortal a la teoría marxista de que la religión es el opio de los pueblos. El conocer a Cristo es participar de su carácter redentor y señorial. Los empleados y patrones piadosos descubrirán que lo justo y equitativo se impondrá espontáneamente sobre cada vida. Cuando el empresario es un siervo de Cristo y el empleado es un socio espiritual del patrón, ambos quedan vinculados en una eterna vocación.

Hacedores de la paz en nuestro mundo

Necesitamos, asimismo, pacificadores en el *escenario internacional.*

Cuando observé que Eisenhower se arrodillaba en una capilla de Ginebra antes de principiar la Conferencia de los Cuatro Grandes, y pedía la ayuda de Dios en las deliberaciones a seguir, sentí la seguridad de que Dios contestaría su oración. Y creo que lo hizo, porque el Presidente, durante esos días demostró un espíritu entusiasta como pacificador internacional. Benévolo, respetuoso del punto de vista del oponente, y dedicado a las discusiones inteligentes, surgió como el héroe incuestionable de la Conferencia de Ginebra. Y esto no lo logró porque haya llevado una "macana grande", sino porque convenció a los comunistas, al menos hasta cierto grado, de que anhelaba la paz y no la guerra.

Hace algunos años fui invitado a participar en una conferencia de líderes religiosos en Moscú para dialogar sobre la paz en el mundo. Había sido convocada por el Patriarca Pimen, cabeza de la Iglesia Ortodoxa Rusa. Al principio me resistía a ir sabiendo que mi presencia podía ser mal interpretada, o podía ser tildado de ingenuo, o manipulado por las autoridades soviéticas. Pero fui después de mucha oración y reflexión; una de las razones que me decidieron fueron las palabras de Cristo: "Bienaventurados los pacificadores." Fui como un observador y también como uno de los oradores, pues pronuncié un discurso ante el pleno de la Conferencia sobre "El significado bíblico de la paz." Más tarde, una personalidad política occidental destacada me dijo: "Al principio pensé que era un error que usted fuera, pero usted estaba en lo cierto. Tenemos que arriesgarnos por la paz, porque el mundo se hace cada vez más peligroso a menos que estemos dispuestos a escucharnos los unos a los otros."

Y como dije bien claro en Moscú, yo no soy un pacifista ni abogo por el desarme unilateral, porque las naciones tienen el derecho de defenderse de las agresiones. Tampoco soy un ciego para no ver los problemas y barreras reales que existen entre naciones de diferentes ideologías. Pero debemos estar dispuestos a hacer todo lo que esté en nuestra mano en pro de la paz.

¿Es posible para simples individuos hacer impacto en el mundo que frecuentemente parece estar fuera de control? ¡Sí! Primero, animando a aquellos que son líderes a buscar la paz. Segundo, orando por ellos. La Biblia nos manda: "Exhorto ante todo, a que se hagan rogativas, oraciones, peticiones y acciones de gracias, por todos los hombres; por los reyes y por todos los que están en eminencia, para que vivamos quieta y reposadamente en toda piedad y honestidad. Porque esto es bueno y agradable delante de Dios nuestro Salvador" (1 Timoteo 2:1-3). Y la Biblia también nos recuerda: "La oración eficaz del justo puede mucho" (Santiago 5:16).

El único medio correctivo para el establecimiento de la paz, es que los hombres en lo individual, conozcan al Dios de paz. Aunque no me opongo completamente a los movimientos que se esfuerzan, de un modo o de otro, por lograr la paz del mundo, tengo la profunda convicción de que tal paz, jamás se alcanzará a menos que haya una dinámica espiritual como punto de partida. Yo oro para que cesen las contiendas, así como oro para que se acabe el crimen; no obstante, sé bien que la causa primordial tanto del crimen como de la guerra, es la pecaminosidad inherente a la naturaleza humana.

Cuando Jesús advirtió a Nicodemo que le "era necesario nacer otra vez", no se dirigió únicamente a un rabino judío, sino a todos nosotros; él vio en aquel maestro a un representativo de la humanidad. El mundo no podrá florecer hasta que los hombres nazcan de nuevo y se reconcilien con Dios.

Santiago pregunta: "¿De dónde vienen las guerras y los pleitos entre vosotros? ¿No es de vuestras pasiones, las cuales combaten en vuestros miembros?" (Santiago 4:1).

La pacificación es una vocación noble. Pero así como un albañil no podría levantar un muro sin sus herramientas, o un carpintero edificar una casa sin su martillo, o un pintor lograr un cuadro sin su pincel, así nosotros no podremos lograr la paz con el mero esfuerzo personal y sin el equipo adecuado. Para ser un pacificador, se necesita conocer al Dador de la paz. Para convertirse en pacificador de la tierra, se necesita conocer la paz del cielo. Debemos conocer al que *es* nuestra paz.

Jesús no dejó una herencia de bienes materiales a sus discípulos. Todo lo que tenía al morir fue una túnica que se la quedaron los soldados romanos; a su madre la entregó al cuidado de Juan; su cuerpo se quedó con José de Arimatea; y su Espíritu regresó al Padre.

No obstante, él dejó a sus seguidores algo más valioso que el oro, más perdurable que los bienes raíces, y más deseable que palacios de mármol; nos dejó su paz. El dijo: "La paz os dejo, mi paz os doy; yo no os la doy como el mundo la da. No se turbe vuestro corazón, ni tenga miedo" (Juan 14:27).

Sólo cuando conocemos a Cristo y disfrutamos de su paz, podemos ser pacificadores. . . . ¡El prometió bienaventuranza al pacificador!

La clave está en nuestra dedicación a ser pacificadores, en ser hombres y mujeres que activamente buscan llevar la paz de Cristo a otros y a nuestro mundo.

9

Felicidad en Medio de la Persecución

"Bienaventurados los que padecen persecución por causa de la justicia, porque de ellos es el reino de los cielos."
Mateo 5:10

¿Quién desea ser perseguido? Humanamente hablando no podemos entender que haya bienaventuranza en la persecución. A nadie le gusta ser molestado. Casi todos deseamos granjearnos la buena voluntad de nuestros vecinos, y no es cosa fácil pensar que exista bienaventuranza en la enemistad del prójimo.

A primera vista nos parece que ser cristiano debería provocar la admiración y el aplauso de los que nos rodean, porque un cristiano es uno de quien se piensa que vive su vida con bondad, honradez y desprendimiento. Una persona así parece que debería ser bendecida y no rechazada. Los de su grupo deberían estar a su alrededor cantándole: "¡Por ser una buena persona, lo que nadie puede negar!"

Así parecería, pero este no es el caso. Es bueno que esta bienaventuranza nos dé la ocasión para sentarnos y volver a pensar sobre la vieja cuestión de: "¿Por qué las personas buenas son perseguidas?" O, como un autor moderno lo ha planteado: "¿Por qué les suceden cosas malas a la gente buena?"

No estamos eximidos

A un cristiano le fue permitido salir de un país que tenía un régimen hostil. Consiguió un trabajo con personas cristianas y un día le preguntaron cómo se había sentido al ser perseguido por su fe. Con cara de sorprendido respondió: "Pensábamos que esa era la vida cristiana normal."

Puedes sacar quizá la conclusión, como otros lo han hecho, de que hay generalmente algo equivocado en aquellos que son perseguidos por causa de la justicia, de que hay alguna extravagancia en su disposición, alguna peculiaridad en su personalidad o algo de fanatismo religioso que provoca que otros les maltraten. No, esa no es usualmente la situación.

La Biblia no enseña en ningún lugar que los cristianos vayan a ser eximidos de las tribulaciones o desastres naturales que vienen sobre este mundo. Sí enseña que los cristianos pueden enfrentar las tribulaciones, crisis, calamidades y sufrimiento personales con un poder sobrenatural que no está disponible para la persona fuera de Cristo. Cristiana Tsai, la hija cristiana de un antiguo gobernador de la provincia de Kiangsu, en China, escribió: "A través de mis muchos años de enfermedad (53), nunca he tenido la osadía de preguntarle a Dios por qué permitía que sufriera por tanto tiempo, sólo le preguntaba qué quería que yo hiciera." Agustín de Hipona decía: "Mejor es el que sufre el mal que el inconsciente que hace el mal."

El águila es la única ave que puede cerrar sus alas y esperar por el *viento* apropiado. Espera por la corriente ascendente y nunca tiene que *batir* sus alas, *sólo remontarse*. Así mismo, *cuando esperamos* en el Señor, él nos ayudará a usar las adversidades y los vientos fuertes para *nuestro beneficio*. La Biblia nos dice: "Los que esperan a Jehová . . . levantarán alas como las águilas" (Isaías 40:31).

Los cristianos pueden regocijarse en medio de las persecuciones porque tienen a la vista valores eternos. Cuando las presiones aparecen, miran más allá de sus circunstancias presentes a las glorias del cielo. El pensamiento de la vida futura con sus gozos y prerrogativas ayuda a que las pruebas del presente parezcan ligeras y transitorias, ". . . porque de ellos es el reino de los cielos".

Los cristianos en la República Popular de China son una

ilustración de las bendiciones bajo la persecución. Cuando en 1949 se les obligó a los misioneros a salir, había en China unos 700.000 creyentes aproximadamente. Al principio, los señalados para ser eliminados fueron los propietarios de tierras, los educados y los cristianos. De estos tres grupos, ¿cuál creció a pesar de la persecución? Aquellos que fueron "perseguidos por causa de la justicia". Hoy, estadísticas fiables estiman que hay entre treinta y cincuenta millones de cristianos en China.

Los primeros cristianos fueron capaces de experimentar gozo en sus corazones en medio de las persecuciones. Estimaron el sufrimiento por Cristo no como una carga o mala suerte sino como un gran honor, como una evidencia de que Cristo los consideraba dignos de ser sus testigos por medio del sufrimiento. Nunca olvidaron lo que Cristo tuvo que pasar para lograr su salvación, por lo que sufrir por amor de su nombre era considerado como un don más que como una cruz.

No les hizo falsas promesas

Jesucristo les habló francamente a sus discípulos en lo concerniente al futuro. No les ocultó nada. Nadie puede acusarle de engaño. Nadie puede acusarle de conseguir lealtades mediante falsas promesas.

En un lenguaje inequívoco les dijo que el ser sus discípulos significaba el negarse a sí mismo, y llevar una cruz. Les pidió contar el costo cuidadosamente a fin de que no volvieran atrás cuando enfrentaran el sufrimiento y la privación.

Jesús dijo a sus seguidores que el mundo los aborrecería. Que estarían como "ovejas en medio de lobos". Les anticipó que serían arrestados, maltratados y llevados ante gobernadores y reyes. Inclusive, sus familiares los perseguirían. De la misma manera que el mundo le aborrecía y le perseguía a él, así lo harían con ellos. Y les avisó más: "Os expulsarán de las sinagogas; y aun viene la hora cuando cualquiera que os mate, pensará que rinde servicio a Dios" (Juan 16:2).

Muchos de los seguidores de Cristo se desilusionaron de él, pues a pesar de la claridad con que les habló esperaban que él venciera a sus enemigos y estableciera un reino político universal. Cuando se dieron cuenta de que no era así "muchos de sus discípulos volvieron atrás, y ya no andaban con él" (Juan 6:66). Pero todos los verdaderos discípulos de Jesús sufrieron por su fe.

Tácito, el historiador romano que escribió acerca de los primeros mártires cristianos, dijo: "Burlas de todas clases fueron añadidas a sus muertes. Cubiertos con pieles de bestias, eran despedazados por los perros, o eran clavados a cruces, o eran convertidos en antorchas vivientes, para servir de iluminación durante la noche. Nerón ofreció sus jardines para este espectáculo." Qué ciertas resultaron las palabras de Pablo a los primeros cristianos: "Es necesario que a través de muchas tribulaciones entremos en el reino de Dios" (Hechos 14:22).

Bautizados en fuego

La historia nos dice que los mártires marchaban gozosos a la muerte como si fueran a una fiesta de bodas. Se sumergieron en el fuego que había sido preparado para ellos y cantaban con alegría. Un historiador testigo de su heroísmo, escribió: "Cuando el día de la victoria alboreaba, los cristianos marchaban en procesión desde la prisión hasta la arena como si fueran camino del cielo, con semblantes gozosos expresando alegría más que temor."

No nos sorprende que los primitivos cristianos se regocijaran en el sufrimiento, si pensamos que ellos lo veían a la luz de la eternidad. Cuanto más cerca de la muerte, más cerca se sentían del compañerismo eterno con Cristo. Cuando Ignacio estaba a punto de morir por su fe en el año 110 d. de J.C., exclamó: "Estar cerca de la espada es estar más cerca de Dios. Estar en compañía de las bestias salvajes es estar más cerca de Dios."

Los cristianos de la primitiva iglesia creían que "las aflicciones del tiempo presente no son comparables con la gloria venidera que en nosotros ha de manifestarse" (Romanos 8:18). Así es como podían considerar las dificultades presentes como de poca consecuencia y podían soportarlas con paciencia y alegría.

Los cristianos han experimentado en todas las edades que es posible mantener el espíritu de gozo en la hora de la persecución. En circunstancias en las que habría fallado la mayoría, ellos se levantaron de tal manera por encima de ellas que realmente las usaron para servir y glorificar a Cristo. Así se explica que Pablo pudiera escribir desde la prisión en Roma: "Quiero que sepáis, hermanos, que las cosas que me han sucedido, han redundado más bien para el progreso del evangelio" (Filipenses 1:12).

Millones de cristianos que viven hoy en nuestro mundo viven en situaciones muy difíciles. Para algunos, la vida es difícil porque son una reducida minoría en sociedades en las que los no cristianos predominan y los creyentes sufren discriminaciones o menosprecios. Para otros, por el contrario, se da una opresión activa o inclusive persecución de parte de gobiernos que no toleran la libertad religiosa. Se ha estimado que en este siglo han sufrido o muerto más cristianos a causa de su fe que en todos los siglos anteriores juntos.

En China, por ejemplo, miles de cristianos murieron y sus templos fueron destruidos o saqueados durante la Revolución Cultural. En realidad, muchos cristianos se vieron obligados a adorar en secreto. Las noticias indican que estas restricciones se han suavizado últimamente, pero la fe religiosa no es todavía bien vista. Lo mismo sucede en muchas otras partes del mundo. El resurgimiento de algunas de las mayores religiones no cristianas ha levantado nuevas alas de opresión y persecución para muchos creyentes cristianos.

En algunos lugares han empezado a ver que los cristianos son los mejores ciudadanos, los obreros más fieles y dignos de confianza. Mientras que eso sucede, estos regímenes son los que más pierden en última instancia. Los cristianos perseguidos están definitivamente en el lado de los vencedores, si no en este mundo, sí, sin duda, en el venidero.

La Biblia enseña sin reservas que cada creyente que es fiel a Cristo debe estar preparado para sufrir persecución a manos de aquellos que son enemigos del evangelio. "Y también todos los que quieren vivir piadosamente en Cristo Jesús padecerán persecución", nos dice Pablo (2 Timoteo 3:12).

Otras clases de persecución

¿Queda la persecución simplemente limitada a la experiencia de la tortura física o la muerte o se dan otras formas de persecución?

La persecución puede ciertamente presentarse de muchas maneras, algunas de ellas son obvias, otras son sutiles. Debemos darnos cuenta de que una persona piadosa, que sirve a Cristo y muestra integridad y pureza en su vida, no es necesariamente bien recibida o admirada por aquellos que viven de otra manera. Bien pueden reaccionar con menosprecio o rehusar invitarle a sus reuniones sociales porque su sola presencia es un reproche para ellos. He conocido familias que han repudiado a uno de sus miembros porque éste adoptó una firme posición por Cristo. Un empleado puede encontrar que su camino de promoción está bloqueado por un supervisor con prejuicios contra los cristianos. Una señorita puede sufrir mucho con las burlas de los demás porque rehúsa participar en las mismas inmoralidades que sus compañeros de clase, o un joven puede experimentar que su negativa a tomar alcohol o drogas le hace impopular entre aquellos que sí lo hacen.

Cualquiera que sea la forma que adopte, la Biblia nos dice que no cedamos a la presión que padecemos ni tampoco tenemos que censurar a aquellos que se nos oponen. Por el contrario, debemos procurar mostrar para con todos el amor que Cristo siente para con ellos. "Bendecid a los que os persiguen; bendecid, y no maldigáis . . . No paguéis a nadie mal por mal; procurad lo bueno delante de todos los hombres. Si es posible, en cuanto dependa de vosotros, estad en paz con todos los hombres. No os venguéis vosotros mismos . . . Así que, si tu enemigo tuviere hambre, dale de comer; si tuviere sed, dale de beber . . . No seas vencido de lo malo, sino vence con el bien el mal" (Romanos 12:14, 17, 18-21).

Paciencia en la persecución

Con todo, Cristo dijo a sus discípulos que cuando fueran perseguidos o vituperados no pensaran que era un mal golpe de aflicción, sino que más bien lo contabilizaran como un favor o bendición. Deberían "gozarse y alegrarse" (Mateo 5:12). De la manera que Jesús venció al mundo, ellos también lo vencerían por medio de su gracia y fortaleza. Por esto tenían que estar gozosos. Veamos algo que deben considerar aquellos que son perseguidos: Cuando los impíos maquinan el mal, Dios se ríe. (Salmos 2:4; 37:12, 13.) No te alteres cuando los malos prosperan. (Salmo 37:7.)

Ellos serán "más que vencedores" (Romanos 8:37). Se gloriarán en las tribulaciones (Romanos 5:3.) Cuando Pedro y Juan fueron azotados y amenazados con un trato peor si continuaban predicando a Cristo, salieron "gozosos de haber sido tenidos por dignos de padecer afrenta por causa del

Nombre. Y . . . no cesaban de enseñar y predicar a Jesucristo" (Hechos 5:41, 42).

Cuando leemos el libro de Hechos nos damos cuenta de que la persecución y la muerte itensificaron el gozo de los primeros cristianos. El apóstol Pablo podía escribir: "Sobreabundo de gozo en todas nuestras tribulaciones" (2 Corintios 7:4).

Pablo experimentó un gozo profundo y permanente en medio de todos los sufrimientos. El escribe de estar "entristecidos, mas siempre gozosos" (2 Corintios 6:10). Con sinceridad declaraba que "por amor a Cristo me gozo en las debilidades, en afrentas, en necesidades, en persecuciones, en angustias" (2 Corintios 12:10).

He hallado en mis viajes que aquellos que no pierden de vista el cielo se conservan serenos y gozosos en los días oscuros. Si las glorias del cielo fueran más reales para nosotros, si viviéramos menos para las cosas materiales y más para las espirituales y eternas, estaríamos menos turbados por esta vida presente.

En estos días de oscuridad, trastornos e incertidumbre, el creyente confiado y que mira hacia adelante permanece optimista y gozoso, sabiendo que Cristo un día reinará, y que "si sufrimos, también reinaremos con él" (2 Timoteo 2:12). Como alguien ha dicho: "La paciencia *(hupomone)* es aquella cualidad que nos permite llegar al punto de máxima tensión y no rompernos."

Al mismo tiempo, estoy igualmente cierto que aquellos cristianos que han pasado años en campos de trabajo forzado o en el exilio, han atravesado por períodos de desaliento e inclusive desesperación. Aquellos que han visto destruidos a sus amados han tenido intensos sentimientos de pérdida y sufrimiento. La victoria no llega fácil y rápida para tales personas. Pero la paz de Dios finalmente llegará y con ella su gozo.

Un mundo trastornado

He aquí una ley espiritual tan inmutable como la ley de la gravedad: "Y también todos los que quieren vivir piadosamente en Cristo Jesús padecerán persecución" (2 Timoteo 3:12).

Debemos grabar en nuestro pensamiento este hecho: vivimos en un mundo al revés. Los hombres se odian cuando debieran amarse; son pendencieros en vez de ser amigables;

pelean en lugar de vivir en paz; hieren cuando deberían curar; roban en vez de compartir sus bienes; hacen lo malo en lugar de hacer lo bueno.

En una ocasión vi un juguete en forma de payaso con un contrapeso dentro de la cabeza. Al tomar el juguete, no importaba la posición en que uno lo colocara, siempre se volteaba de cabeza. Nosotros somos así en nuestra condición no regenerada. No importa lo que hagan con nosotros, siempre volvemos a las andadas.

Desde la niñez, hasta la edad adulta nos inclinamos comúnmente a hacer lo que no debemos, y a eludir aquello que debiéramos hacer. Así es nuestra naturaleza. Es demasiado el contrapeso de nuestras cabezas ante el exiguo peso de nuestros corazones; de manera que, cuando nos quedamos solos, damos el capirotazo y nos volteamos "patas arriba".

Por ese motivo los apóstoles fueron considerados por el mundo como tipos estrafalarios. Para el hombre trastornado, el que está cuerdo, le parece anormal. Ante la opinión del pecador, el justo es un despropósito o una anomalía. La bondad de un cristiano es un reproche a la perversidad del malvado; su posición de derechura es una reconvención sobre la invertida colocación del mundano. Así que, el conflicto es muy natural. La persecución es inevitable.

Cuando los discípulos de Cristo comenzaron a reordenar el mundo, ciertos individuos lujuriosos exclamaron consternados: "Estos que trastornan al mundo entero también han venido acá" (Hechos 17:6). Esta es la razón fundamental de la persecución cristiana. La justicia de Cristo es tan revolucionaria y contradictoria a la manera de vivir de los hombres que provoca la enemistad del mundo.

Si pudiéramos imaginar que los hombres fuesen fundamentalmente rectos, entonces sería muy popular y aceptado "vivir piadosamente en Cristo Jesús" (2 Timoteo 3:12). Pero mientras Satanás ande libre en el mundo y pueda inclinar sus corazones a las pasiones perversas, no será cosa fácil ni popular, seguir a Cristo.

La Biblia dice: "Mas vosotros sois linaje escogido, real sacerdocio, nación santa, pueblo adquirido por Dios, para que anunciéis las virtudes de aquel que os llamó de las tinieblas a su luz admirable; vosotros que en otro tiempo no erais pueblo, pero que ahora sois pueblo de Dios; que en otro tiempo no habíais alcanzado misericordia, mas ahora habéis alcanzado misericordia. Amados, yo os ruego como a extranjeros y peregrinos" (1 Pedro 2:9-11).

A los extraños raramente se les dice: "Esta es su casa". Ordinariamente se les recibe con desconfianza y recelo. Siendo extranjeros, poseedores de la ciudadanía en aquella patria celestial y no en el mundo, como seguidores de Cristo, inevitablemente seremos tratados como pueblo raro y advenedizo.

Nuestra vida no es de este mundo. "Nuestra ciudadanía está en los cielos" (Filipenses 3:20). Nuestros intereses primordiales no son de este siglo. Jesús dijo: "Haceos tesoros en el cielo . . . Porque donde esté vuestro tesoro, allí estará también vuestro corazón" (Mateo 6:20, 21). Nuestra esperanza no está cimentada en lo mundano. La Biblia dice: "Mas nuestra ciudadanía está en los cielos, de donde también esperamos al Salvador, al Señor Jesucristo; el cual transformará el cuerpo de la humillación nuestra, para que sea semejante al cuerpo de la gloria suya, por el poder con el cual puede también sujetar a sí mismo todas las cosas" (Filipenses 3:20, 21).

De aquí que, en todos sentidos, somos un enigma para el mundo. Al igual que un puñado de personas diestras entre una hueste de zurdos, nosotros constituimos una amenaza para su *status quo*. Para ellos somos "acaba-fiestas", "amargadores del agua" y remilgados. El mundo, así como los enemigos de Jesús, siempre inquirirá desdeñosamente: "¿No eres tú de sus discípulos?" (Juan 18:25).

Acusados de falsedad

Habrá ocasiones cuando nos vean suspicazmente, pues con el corazón humano en su condición natural no podrían imaginar que uno pueda vivir abnegadamente. Los incrédulos dirán que "algo traemos entre manos", que hay motivos ulteriores en nuestra recta actuación; que todo es una farsa e hipocresía. Las falsas acusaciones seguirán al cristiano sincero por todas partes.

Otra causa de nuestra persecución es una guerra en continuo proceso.

La Palabra de Dios lo afirma: "Pelea la buena batalla de la fe, echa mano de la vida eterna" (1 Timoteo 6:12). "Ninguno que milita se enreda en los negocios de la vida, a fin de agradar a aquel que lo tomó por soldado" (2 Timoteo 2:4).

Guerra en el mundo

El mundo, el demonio y la carne, son nuestros principales enemigos. En tiempo de guerra difícilmente se puede contar con la buena voluntad de las fuerzas enemigas. Durante la Segunda Guerra Mundial, el periodista americano Cecil Brown escribió un relato sobre la tragedia del hundimiento de dos barcos de guerra ingleses, el *Prince of Wales* y el *Repulse*. Decía: "Existe siempre el peligro de menospreciar al enemigo al punto de tener *exceso de confianza*. Imagínatelo *dos veces mejor* y *dos veces más capaz,* y entonces prepárate con antelación." Aunque nuestras armas no son terrenales, las del enemigo sí lo son, y podemos suponer que Satanás utilizará todo el material a su alcance en nuestra persecución y destrucción. Se cometerán asimismo atrocidades de guerra, porque "aquellos que quieren vivir piadosamente en Cristo Jesús padecerán persecución".

La vida entera es una lucha incesante; así es la naturaleza de las cosas. Aun dentro de nuestro organismo, dicen los médicos, existe una lucha de superación. Los elementos que componen nuestra corriente sanguínea están empeñados en una lucha constante contra los gérmenes invasores. Los glóbulos rojos luchan sin tregua al lado de los blancos en un esfuerzo por mantener la vida dentro del cuerpo. La reciente y desenfrenada epidemia de SIDA ilustra trágicamente este punto.

En la esfera espiritual también se libran batallas. La Biblia dice: "Porque no tenemos lucha contra sangre y carne, sino contra principados, contra potestades, contra los gobernadores de las tinieblas de este siglo, contra huestes espirituales de maldad en las regiones celestes" (Efesios 6:12).

"Luchamos", dice la Biblia, "contra los gobernadores de las tinieblas de este siglo." La obscuridad no se lleva con la luz. El escritor del himno hablaba de esta guerra cuando preguntaba:

> ¿Debo ser elevado a las nubes
>   en lechos de flores,
> Mientras otros luchan por ganar el premio
>   y navegan por mares sangrientos?

Tengo un perro que prefiere desenterrar un hueso mohoso para lamerlo, a comerse el más exquisito platillo. El no puede evitarlo porque así es su naturaleza.

Los hombres no pueden evitar que su naturaleza responda a lo lascivo, lujurioso y vil. Les será difícil actuar en otra forma sin haber nacido de nuevo. Y hasta que sean transformados por el poder de Cristo, la probabilidad será que estén enemistados con los amigos del Señor.

La cruz para los cristianos

Finalmente, Jesús afirmó que la cruz es la porción del cristiano. "Y el que no toma su cruz y sigue en pos de mí, no es digno de mí" (Mateo 10:38).

¿Significa Jesús con esto que debemos llevar una cruz pendiente del cuello o la solapa? ¿Acaso significa que literalmente debemos cargar un madero?

¡No! Significa que la vergüenza de la cruz que él llevó cuando estuvo entre los hombres, debemos llevarla también nosotros. El estar en postura de crucifixión para el mundo, debe ser la parte y suerte de cada cristiano. No debemos ambicionar ni esperar la alabanza de los mundanos; al contrario, debemos esperar su enemistad. El propio hecho de que se inclinen a perseguirnos es una evidencia de que "no somos del mundo", sino de Cristo. Toda la persecución, la blasfemia y el escarnio que acumularían sobre Cristo, lo arrojarán sobre nosotros. El llevó sobre sí el reproche de la cruz por nosotros; ahora a nosotros nos corresponde llevarlo por él.

El privilegio de la persecución

El apóstol Pablo dijo: "Pero lejos esté de mí gloriarme, sino en la cruz de nuestro Señor Jesucristo, por quien el mundo me es crucificado a mí, y yo al mundo" (Gálatas 6:14). Pablo consideró la persecución un privilegio. En esto se glorió, porque aunque en pequeña escala le fue permitido compartir los sufrimientos de Cristo.

Recordemos nuevamente lo que dice esta sentencia: "Bienaventurados los que padecen persecución por causa de la justicia, porque de ellos es el reino de los cielos. Bienaventurados sois cuando por mi causa os vituperen y os persigan y digan toda clase de mal contra vosotros, mintiendo" (Mateo 5:10, 11).

Muchas veces sufrimos a causa de nuestro pobre sentido común, necedad o ignorancia. En esto no puede haber bendición. Conozco a cristianos dominados por el mal carácter, arrebatados, y de modales poco corteses que se creen "perseguidos por causa de la justicia". Pero nosotros sabemos que no fue la bondad de ellos lo que la gente impugnó, sino su carencia de bondad.

Debemos tener cuidado en no conducirnos ofensivamente, ni predicar o vestir de manera que escandalicemos a los demás. Y cuando al fin las personas se ofendan y nos esquiven, no atribuyamos la culpa a la "ofensa de la cruz". Los reproches meramente personales no abonan crédito a la causa del evangelio.

Los cristianos zarrapastrosos son pobres anuncios del cristianismo. Pablo dijo: "Sufrimos oprobios, porque esperamos en el Dios viviente . . . Sé ejemplo de los creyentes en palabra, conducta, amor, espíritu, fe y pureza" (1 Timoteo 4:10, 12). El oprobio que sufrimos es ocasionado por el resentimiento natural de los hombres para todo aquello que es piadoso y justo. Esta es la cruz que debemos llevar. Por este motivo los cristianos son perseguidos frecuentemente.

Pensamientos positivos en la persecución

Hemos considerado ya la razón por la cual los cristianos son perseguidos. Veamos ahora qué dicha o bienaventuranza puede haber en la persecución. Como George McDonald lo puso: "Nos hacemos más fuertes en el camino duro."

Nuestro Señor promete bienaventuranza a los perseguidos: "Gozaos", dijo, "y alegraos, porque vuestro galardón es grande en los cielos; porque así persiguieron a los profetas que fueron antes de vosotros" (Mateo 5:12).

La palabra *gozo* ha perdido su verdadero significado y sólo le falta desaparecer del vocabulario cristiano. Ello se debe en parte a que pensamos en el gozo y la felicidad en términos de comodidad, holgura y lujo. El apóstol Santiago no dijo : "Tened por sumo gozo cuando cayereis en un sillón cómodo", sino "cuando os halléis en diversas pruebas" (Santiago 1:2).

Los perseguidos son bienaventurados porque se les está preparando para el cielo. La persecución es una de las consecuencias naturales de vivir la vida cristiana. Para el cristiano, la persecución es lo que para un niño son "los dolores y trastornos del crecimiento". Si no hay dolor y trastorno, no puede haber desarrollo. Si no hay sufrimiento, no habrá gloria. Si no hay lucha, no habrá victoria, y sin persecución, no habrá galardón.

La Biblia dice: "Mas el Dios de toda gracia, que nos llamó a su gloria eterna en Jesucristo, después que hayáis padecido un poco de tiempo, él mismo os perfeccione, afirme, fortalezca y establezca" (1 Pedro 5:10). Es muy fácil olvidar que "a los que aman a Dios, todas las cosas les ayudan a bien" (Romanos 8:28).

Jesús nos da en el Sermón del monte, algunos mandamientos en relación con nuestra actitud hacia la persecución. Tenemos que:

1. Gozarnos y alegrarnos — Mateo 5:12
2. Amar a nuestros enemigos — Mateo 5:44
3. Bendecir a los que nos maldicen — Mateo 5:44
4. Hacer bien a los que nos aborrecen — Mateo 5:44
5. Orar por los que nos ultrajan y nos persiguen — Mateo 5:44

Tengo un amigo que perdió su trabajo, su capital, su esposa y su hogar. Empero siguió firmemente apoyado en su fe —lo único que le quedaba. Un día se paró a observar a unos obreros que labraban piedras para un enorme templo. Uno de ellos cincelaba una cantera de forma triangular.

—¿Qué va usted a hacer con eso? —inquirió mi amigo.

El obrero replicó:

—¿Veis aquel hueco cerca de la cúspide del edificio? Pues bien, estoy dando forma a esta piedra aquí abajo, para que pueda encajar allá arriba.

Mi amigo se conmovió y partió con lágrimas en los ojos, porque le pareció que Dios le hablaba por boca de aquel obrero, para explicarle el porqué de su prueba: "Te estoy modelando aquí abajo, para que encajes allá arriba."

"Después que hayáis padecido un poco de tiempo, él mismo os perfeccione, afirme, fortalezca y establezca" (1 Pedro 5:10). Este es el mensaje de la Palabra de Dios.

Los perseguidos "por causa de la justicia" son bienaventurados porque están identificados con Cristo. La enemistad del mundo es una prueba palpable de que nos encontramos del lado bueno y que marchamos paso a paso con nuestro bendito Señor. Él dijo que nuestra amistad con Dios provocaría la ira del mundo. "Y seréis aborrecidos de todos por causa de mi nombre; mas el que persevere hasta el fin, éste será salvo" (Mateo 10:22).

Cristo, en un sentido, es un rey en exilio, y a los que somos sus súbditos, con frecuencia se nos desprecia. El estar identificados con él aquí, impone a veces el ser avergonzados y perseguidos; pero él nos promete que algún día seremos "reyes y sacerdotes" y que participaremos en las actividades de su reino.

Pablo debe haber considerado muy seriamente todo esto, porque dijo: "Tengo por cierto que las aflicciones del tiempo presente no son comparables con la gloria venidera que en nosotros ha de manifestarse. Porque el anhelo ardiente de la creación es el aguardar la manifestación de los hijos de Dios" (Romanos 8:18, 19).

Nuestra esperanza gloriosa

Si fuésemos llamados a sufrir toda la vida, no significaría nada en comparación con la eternidad. Tenemos la posición de herederos ante una vasta propiedad y gustosamente aceptaremos unos pocos días de sufrimiento y privaciones, con la esperanza de que muy pronto entraremos a tomar posesión legal de la fabulosa herencia celestial. Esta esperanza tan gloriosa coloca sobre nuestra existencia, aquí en el mundo, una aureola nimbada de fulgor.

La vida no puede perder su deleite aquí, porque tras lo momentáneo de nuestra tribulación presente, existe la confianza de que somos hijos del Rey. El lamentarse es una tontería; comportarse a la manera del mundo, es indigno; empero amar, ser bondadosos y mansos, son las marcas de contraste de los hijos de la nobleza divina. Todos los obstáculos no serán otra cosa que incentivos para avanzar. Las congojas serán bendiciones disfrazadas; cada herida y cada golpe resultarán para nuestro bien; y en cada cruz estará grabado el símbolo de una corona.

La necesidad de luz y sombra

Todas las obras maestras del arte contienen a la vez luces y sombras. Una vida venturosa no es la que está coronada únicamente de luz, sino aquella aureolada de luces y sombras, y cuyos contrastes hacen resaltar más su belleza. Los músicos más famosos, por regla general son los que saben arrancar música del dolor y la tristeza. Fanny Crosby, con su espíritu inflamado de amor cristiano, pudo ver mejor con sus ojos eclipsados por la ceguera, que nosotros con la vista normal. Ella nos legó muchos hermosos himnos evangélicos que apaciguan el corazón y reconfortan la vida. Escribió unos 2.000 himnos de los cuales sesenta están todavía en uso general.

Pablo y Silas entonaron su cántico de alabanza a medianoche en una cárcel de Filipos plagada de ratas, con sus pies en el cepo y las espaldas heridas por el látigo. Pero su paciencia ante el sufrimiento y la persecución lograron la conversión de un carcelero pagano. La sangre de los mártires ha quedado bien amalgamada en la mezcla que mantiene unidas las piedras de la civilización.

El espíritu de abnegación de los cristianos consagrados de todos los siglos, ha contribuido inmensamente al desarrollo de nuestra cultura, de nuestra ética y de nuestra fe. En lo muy recóndito sabemos que hay algo muy digno por lo cual se puede morir, y que una existencia sin fe es algo peor que la misma muerte.

¡Oh, hijos de Dios, no desesperéis ante el sufrimiento y la persecución! He aquí unas significativas palabras de Thornton Wilder: "Sin vuestras heridas, ¿dónde estaría el poder para emitir esa voz trémula y delicada que penetra a los corazones de los hombres? Ni los mismos ángeles de Dios en el cielo pueden persuadir a los desterrados y miserables hijos de Adán, como lo puede hacer el humano que ha sido quebrantado por el dolor y el sufrimiento de la vida. En el servicio del amor, sólo los soldados que han sido heridos podrán auxiliar mejor a los demás."

Mensajes de los mártires

Sanders, el mártir dijo: "Bienvenida sea la cruz de Cristo . . . no siento más dolor entre las llamas que el que sintiera sobre un colchón de plumas."

Otro mártir dijo: "El retintín de mis cadenas ha sido música a mi oído; ¡cuánto consuelo proporciona la buena conciencia!" Besando la estaca dijo: "No voy a perder mi vida, voy a cambiarla por una mejor; en lugar de brasas, tendré perlas."

Es posible que no seáis llamados a sufrir como los mártires, porque ahora Satanás utiliza una estrategia diferente. El utiliza también armas psicológicas. Jesús dijo: "Os vituperen y persigan, y digan toda clase de mal contra vosotros por mi causa" (Mateo 5:11). La lengua causa muchas veces heridas más dolorosas que una espada. La burla duele más que la flagelación.

Algunos lectores pensarán que por no haber sido perseguidos, no viven una vida piadosa; pero no tiene que ser así necesariamente. Aunque en la actualidad hay países donde el ser cristiano activo significa arriesgar la vida, nosotros vivimos en un país donde predomina el cristianismo y donde prácticamente no existe persecución.

El ambiente, así como también la época en que vivimos, tiene mucho que ver con la clase de persecución a que el cristiano está expuesto a sufrir. He conocido a cristianos entusiastas, que de hecho desearían la persecución por temor de que en otra forma no puedan vivir una vida lo suficientemente consagrada y piadosa.

Recordad que no todos los cristianos son llamados al sufrimiento físico y al martirio. Nuestro Señor Jesucristo no siempre sufrió oposición; se nos dice que él creció en sabiduría y conocimiento para con Dios y los hombres. Mas los días de popularidad no duraron mucho, terminaron en una cruz. Con todo, para nosotros lo más importante es caminar con Cristo y vivir para él. Tengamos una consumidora pasión por agradarlo. Después, que venga lo que venga. Creo que fue Samuel Rutherford quien dijo: "Nunca deis un paso fuera del sendero del deber, aunque sea para tomar una cruz o para escapar de otra."

W. C. Burns de la India, escribió: "Que podamos tener un corazón de mártir, aunque no llevemos la corona del martirio."

La popularidad y la adulación son más peligrosas para el cristiano que la persecución. Cuando todo va bien, es muy fácil perder el sentido del equilibrio y la perspectiva. Aprendamos como Pablo a "tener escasez" y "a tener abundancia". Aprendamos también a "contentarnos con lo que tenemos" (Filipenses 4:11, 12).

Como ya expresamos, lo más importante es caminar con Cristo, vivir para él y tener una pasión abrasadora por agradarlo. Entonces, todo lo que nos pueda pasar será porque él lo haya permitido, para enseñarnos inapreciables lecciones, y para perfeccionarnos en su servicio. El, con su presencia, dulcificará nuestras circunstancias, ya sean agradables o desagradables. El mañana nos llena de temor. Juan 10:4 nos dice: "Y cuando ha sacado fuera todas las propias, va delante de ellas." Sea lo que sea que nos venga en el futuro él lo *enfrenta* primero. A semejanza del pastor oriental que siempre iba a la cabeza de sus ovejas, de manera que todo ataque a las ovejas lo encaraba él primero, Cristo enfrenta todos nuestros *mañanas* antes de que lleguen a nosotros.

Tres jóvenes hebreos fueron echados al horno de fuego ardiendo, mas el rey dijo: "He aquí que yo veo cuatro varones sueltos, que se pasean en medio del fuego sin sufrir ningún daño; y el aspecto del cuarto es semejante a hijo de los dioses" (Daniel 3:25). Nuestro Dios está con nosotros en las persecuciones de esta vida.

Una experiencia alentadora nos llega de la pluma de un escritor desconocido: El primer convertido de un cierto misionero fue torturado hasta la muerte por su fe. Años más tarde, el misionero también murió. Se encontró en el cielo con su primer convertido y le preguntó cómo se sintió al ser torturado hasta la muerte por su fe. "Usted sabe", replicó el hombre encogiéndose de hombros y un tanto perplejo, "que ni siquiera puedo recordarlo."

10

Pasos Hacia la Felicidad

El Rey Jorge V escribió sobre la cubierta de la Biblia de un amigo: "El secreto de la felicidad no se encuentra en hacer lo que deseamos; sino en aprender a ejecutar con agrado nuestro deber."

Muchos piensan que la felicidad es como los fuegos fatuos que se buscan en forma constante e implacable. La felicidad no se logra por medio de una búsqueda directa, porque no es un fin en sí. Las marmitas llenas de oro jamás se encuentran en la cueva de Alí Babá, como nos lo imaginábamos de pequeños; el oro se extrae de las minas o de vetas incrustadas en las montañas, y todo ello con mucho esfuerzo y fatiga.

Jesús dijo en una ocasión a sus discípulos: "Mas buscad primeramente el reino de Dios y su justicia, y todas estas cosas os serán añadidas" (Mateo 6:33). Las "cosas" de que él habló, fueron elementos que hacen al hombre sentirse satisfecho y seguro: comida, bebida, ropa y casa. El recomendó que no hiciéramos de todo esto el objetivo principal de la vida, sino que "buscáramos primero el reino", y lo demás se nos suministraría consecuentemente. Y si por alguna razón que sólo él conoce nos son retenidas, sepamos que es para nuestro bien y para su gloria. Ha habido ocasiones en que los cristianos se han visto privados de una o de todas estas cosas. Han muerto a veces de hambre, o de sed o por vivir a la intemperie. No es porque él se haya olvidado de sus promesas sino porque tiene algo mejor para nosotros.

¡He aquí el secreto de la bienaventuranza, si lo queremos! "Buscad primeramente el reino de Dios . . . y todas estas cosas os serán añadidas."

Pasos hacia la vida abundante

En las páginas anteriores hemos procurado interpretar la fórmula de la felicidad que nos dio Jesús. Aceptamos que en muchos aspectos la exposición sea deficiente, tanto en contenido como en claridad. Pues entre más leemos esta introducción al Sermón de la montaña, más sabiduría velada encontramos en él; y entre más sabiduría hallamos, mejor nos convencemos de que, leyendo con meditación y oración, y aplicándolo a la vida práctica, obtendremos mayor y plena felicidad.

Para epilogar el secreto de la felicidad contenido dentro del marco de las Bienaventuranzas, señalaremos varios peldaños que pueden conducir hacia la vida abundante.

Reconoced vuestra pobreza espiritual.

No digáis jactanciosamente: "Yo soy rico, y me he enriquecido, y de ninguna cosa tengo necesidad" (Apocalipsis 3:17). Recordad que vuestra justicia y obras son como trapos de inmundicia; que la salvación no es por obras, sino por gracia. Tened siempre presente el primer postulado: "Bienaventurados los pobres en espíritu, porque de ellos es el reino de los cielos."

Dios mide a los hombres por la limitada porción de humildad que poseen y no por la grandeza de sus hazañas o la potencia de su capacidad.

Aseguraos de haber recibido a Cristo.

Reconoced que no son los credos, la educación, ni la respetabilidad, los que nos salvan. Es Jesucristo. La Biblia dice: "Mas a todos los que le recibieron, a los que creen en su nombre, les dio potestad de ser hechos hijos de Dios" (Juan 1:12).

Supongamos que un día decides ir a Europa en avión. Puedes ir a tu agente de viajes y conseguir toda la información que necesitas acerca de clases de vuelos y horarios. Puedes hablar con otros viajeros que han volado ya en ese mismo avión sobre el Atlántico. Puedes también investigar la historia de seguridad que tiene la compañía aérea y el grado de confianza que merecen los pilotos y llegar al convencimiento de que son dignos de confianza. Puedes, inclusive, decirte a ti mismo, *creo que este avión es capaz de llevarme a Europa a través del océano.* Puedes haber llegado al punto de haber comprado un pasaje para embarcarte y hacer acto de presencia en el aeropuerto. Efectivamente, es posible hacer y decir todo eso y, sin embargo, no haber cruzado nunca el Atlántico. Una cosa te faltaba: Montar en el avión y confiar plenamente que te llevaría a tu destino.

El saber acerca de Cristo no es suficiente. El estar convencido de que él es el Salvador del mundo, no es suficiente. El afirmar vuestra fe en él, así como lo hacemos al recitar el Credo de los Apóstoles no es suficiente. El creer que ha salvado a otros, no es suficiente. Vosotros, de hecho, no sois cristianos hasta haberle confiado vuestra vida, recibiéndolo como Salvador personal.

La mejor manera de demostrar que tenemos confianza en tal o cual banco, es depositando allí nuestro dinero. La mejor forma de demostrar que tenemos fe en un doctor, es confiarle el cuidado de nuestro cuerpo en tiempos de epidemia. El mejor modo de probar nuestra confianza en cualquier embarcación, es embarcándonos. El mejor procedimiento de testimoniar nuestra fe en Cristo, será confiar en él, recibiéndolo incondicionalmente como nuestro Salvador.

Mantened un espíritu contrito.

La Biblia dice: "Al corazón contrito y humillado no despreciarás tú, oh Dios" (Salmo 51:17). Dejad que un torrente de continua confesión fluya de vuestra alma. El apóstol Juan escribió para los creyentes: "Si confesamos nuestros pecados, él es fiel y justo para perdonar nuestros pecados, y limpiarnos de toda maldad" (1 Juan 1:9).

Una persona educada no es tarda ni perezosa en pedir una disculpa cuando ha obrado mal. Si un caballero tropieza con el pie de una dama, no espera hasta la semana que viene para decir: "Os pido mil perdones." Inmediatamente dará disculpas.

Cuando quebrantéis la ley divina profiriendo palabras inconvenientes o acariciando malos pensamientos, en el acto debéis confesar vuestro pecado a Dios. Y de acuerdo con su Palabra, él perdonará y limpiará vuestro corazón para transformarlo a su semejanza.

Sed sensibles a las necesidades de los demás.

En el triángulo eterno del cristianismo, Dios es primero, luego los demás, y al último yo. "Gozaos con los que se gozan; llorad con los que lloran" (Romanos 12:15). Sed compasivos, tolerantes y comprensivos. Recordad el tercer peldaño hacia la felicidad: "Bienaventurados los que lloran, porque ellos recibirán consolación."

No hay dicha tan grande en la vida como la de compartir con otros lo que poseemos. No estéis satisfechos de tener demasiados bienes, cuando hay millones que no poseen nada. Al leer vuestra Biblia, recordad que muchos no la tienen, al oír la predicación del evangelio, recordad que más del cincuenta por ciento de los pobladores del globo jamás han oído la historia de Cristo. Que vuestra vida, vuestros recursos y vuestras oraciones sean compartidos con los millones que en este momento se preguntan si hay alivio para su aflicción.

No seáis cristianos a medias.

En la actualidad hay muchos que se encuentran en esta condición. El mundo tiene un profundo respeto por una persona que es sincera en su fe.

La Biblia nos enseña que no podemos servir a Dios y a Mammón, que no podemos agradar a dos señores. Muchos de los llamados cristianos son como el camaleón que cambia de color, según el ambiente que lo rodea. Aun los incrédulos podrán distinguir entre un verdadero cristiano y el que no lo es.

Vivid una vida de sumisión.

La Biblia es muy explícita al respecto: "¿No sabéis que si os sometéis a alguien como esclavos para obedecerle, sois siervos de aquel a quien obedecéis, sea del pecado para muerte, o sea de la obediencia para justicia?" (Romanos 6:16).

Un amigo de David Livingstone dijo en una ocasión: "Cuando observé a Livingstone practicar el mandato, 'deja todo y sígueme', me hice cristiano, a pesar de mi indiferencia y egoísmo." El mundo no conoce mayor reto que el de una vida de sumisión a la voluntad divina.

Sed llenos del Espíritu.

Los hombres que han movido al mundo son los que han sido llenos del Espíritu. Llenos del Espíritu Santo, los primeros discípulos "trastornaron al mundo". Llenos del Espíritu, los reformadores encendieron la llamarada espiritual que dio lugar a la Reforma. Llenos del Espíritu, Juan y Carlos Wesley, principiando en Oxford, salvaron a una gran nación de la ruina moral y política. Llenos del Espíritu, Francisco Asbury, Jorge Fox, Jonatán Edwards, Carlos Finney y David Brainard encendieron en el corazón de muchos el fuego del verdadero cristianismo.

Llenos del Espíritu, D. L. Moody e Ira Sankey sacudieron a dos continentes de su letargo espiritual. Corrie ten Boom y la Madre Teresa impactaron en gran medida su mundo.

Los oleajes de la civilización se han agitado, el curso de las naciones ha cambiado, y las páginas de la historia han centelleado cuando los hombres llenos del Espíritu de Dios han movido al mundo.

¿Qué significa estar llenos del Espíritu? No tiene que ser necesariamente una experiencia emocional y tampoco tiene que ser imprescindiblemente ese tipo de experiencia espiritual que es evidente y abierta. *Estar lleno del Espíritu es vivir controlado por el Espíritu.* Es estar de tal manera sometido a Cristo que nuestro deseo supremo sea hacer su voluntad. Cuando vamos a Cristo el Espíritu viene a morar en nosotros, seamos o no conscientes de su presencia. Pero a la medida que crecemos en Cristo nuestra meta es vivir controlados por el Espíritu. ¿Has rendido sin reservas tu vida a Cristo, pidiéndole que te llene y te use para su gloria?

Esforzaos por producir los frutos del Espíritu en vuestra vida.

La Biblia asienta: "Mas el fruto del Espíritu es amor, gozo, paz, paciencia, benignidad, bondad, fe, mansedumbre, templanza" (Gálatas 5:22, 23).

Quizá objetéis: "Soy incapaz de producir tales frutos; para mí, es imposible lograrlo."

¡Estoy muy de acuerdo! El fruto no lo podréis rendir por vuestra propia fortaleza. Tened presente que la Biblia dice: "Mas el fruto del Espíritu es amor, gozo, paz, paciencia, benignidad, bondad, fe, mansedumbre, templanza." Cuando el Espíritu de Dios mora en vosotros, él producirá el fruto. A vosotros toca solamente cultivar el terreno del corazón por medio de la devoción sincera y la sumisión, para que él pueda encontrar el campo fértil donde plantar lo que desea.

Posiblemente tengáis un árbol frutal en vuestro huerto, mas si la tierra no está preparada, y si no se han destruido los insectos, no rendirá buena cosecha.

Como cristianos, poseemos el Espíritu de Dios dentro de nosotros. Nuestra responsabilidad consiste en mantener el pecado lejos de nuestra vida, para que el Espíritu Santo logre el fruto anhelado.

Cimentaos en la Biblia.

Los cristianos sólo tenemos una autoridad y una pauta: La Palabra de Dios.

Abraham Lincoln escribió a un amigo: "Estoy entregado al provechoso estudio de la Biblia. Pon toda la inteligencia y toda tu fe, para entender el significado de este Libro. Sólo así se puede vivir y morir mejor."

Coleridge dijo que él creía que la Biblia era la Palabra de Dios porque, como él lo expresó: "Me encontró."

"Si quieres estímulo", escribió John Bunyan, "acaricia las promesas."

Martín Lutero dijo: "En las Escrituras, inclusive la pequeña margarita se transforma en una pradera."

La Biblia es nuestra guía segura en un mundo inseguro.

Los grandes hombres han escogido la Biblia como su libro favorito de lectura y como su guía. El señor Herbert J. Taylor, otrora presidente de la Asociación Internacional de Rotarios, me manifestó que cada mañana inicia el día leyendo el Sermón de la montaña en alta voz. El presidente Reagan reverencia la Biblia al punto de que proclamó 1984 como "el año de la Biblia".

Principiad el día con el Libro, y a la caída de la tarde, permitid que la Palabra traiga a vuestras almas sabiduría. Que el Libro sea firme cimiento sobre el cual edifiquéis vuestra vida. Que sea el cayado en el cual encuentre apoyo vuestra alma. Que sea la espada del Espíritu la que cercene el mal de vuestra vida, para que seáis conformados a su imagen y semejanza.

Sed testigos de Cristo.

Jesús dice: "Vosotros sois la luz del mundo . . . así alumbre vuestra luz delante de los hombres, para que vean vuestras buenas obras, y glorifiquen a vuestro Padre que está en los cielos" (Mateo 5:14-16).

Un testigo fiel vale más que mil profesores de teología.

Tomás Allan, el famoso predicador escocés, se convirtió a Cristo por el canto de un soldado negro: "¿Estabas tú allí, cuando crucificaron a mi Señor?" Afirmaba Allan que no fue el canto ni la voz, sino el espíritu con que el joven soldado entonó su himno lo que movió al escocés a abandonar su vida pecaminosa y volverse al Salvador.

Nuestra fe crece mediante la expresión. Si queremos mantener en alto la antorcha de nuestro testimonio, debemos compartir nuestra experiencia con otros. Debemos ser testigos.

Vivid en la presencia de Dios.

Jesús dijo: "He aquí yo estoy con vosotros todos los días, hasta el fin del mundo" (Mateo 28:20). Recordad que Cristo está siempre cerca de vosotros; no digáis nada que pudiera avergonzaros delante de él. No hagáis aquello que nunca osarías hacer en su presencia. No vayáis a sitio alguno a donde él no fuese. Mas él no está con vosotros únicamente para condenaros, o para juzgaros; está cerca para daros protección, consuelo, orientación, valor, fortaleza, limpieza y auxilio. El estará con vosotros no sólo hasta el fin del mundo, sino por toda la eternidad.

Aprended la práctica de la oración.

Jesús dijo que es necesario "orar siempre, y no desmayar" (Lucas 18:1). En otra ocasión también expresó: "Ora a tu Padre que está en secreto; y tu Padre que ve en lo secreto te recompensará en público" (Mateo 6:6).

La oración no consiste únicamente en pedir, sino en escuchar las órdenes de Dios.

El señor Frank Laubach dice: "La oración en su más alto significado, es una conversación; y para mí, la parte más importante es escuchar lo que Dios me dice."

Los más destacados cristianos han dedicado un tiempo determinado a la oración. Juan Wesley se levantaba a las cuatro de la madrugada y empezaba el día con oración; después, dedicaba una hora al estudio de la Biblia.

Yo sugiero que fijéis una hora determinada para la comunicación con Dios. Haced una cita con él y estad puntuales. Jamás lo lamentaréis, porque "la oración eficaz del justo puede mucho" (Santiago 5:16).

Cultivad el gusto por las cosas espirituales.

"Bienaventurados los que tienen hambre y sed de justicia, porque ellos serán saciados."

Los gustos espirituales, como los físicos, pueden ser cultivados. A mí no siempre me agradaba el yogurt, pero me dijeron que me haría provecho y traté de cultivar el gusto. Ahora me encanta.

Al principio no será fácil leer la Biblia, testificar y orar. Pero después de experimentar la fortaleza que se adquiere por estos medios de gracia, se convertirán en parte de vuestra rutina diaria así como el respirar o comer. Estas cosas son las que dan vigor y fuerza al alma.

No critiquéis a otros.

El mal hábito de la crítica puede impedir vuestro crecimiento espiritual. Si alabáis a otros, también os alabarán. Si condenáis, harán lo mismo con vosotros. La crítica engendra crítica, pero la alabanza genera alabanza. Jesús dijo: "Bienaventurados los misericordiosos, porque ellos alcanzarán misericordia."

No tengáis envidia de los demás.

Los pecados más destructivos, son la envidia y la codicia. El envidiar a otros, puede ocasionar la ruina de vuestra vida espiritual y el debilitamiento de vuestro vigor. Puede también minar vuestra capacidad de lucha en la sociedad y empobrecer vuestro testimonio. No seáis esclavos de este mal tan ruin y despreciable. Puede destruir vuestra felicidad y robaros la dulzura de vuestra vida.

Amad a otros.

La Biblia dice: "El amor sea sin fingimiento. Aborreced lo malo, seguid lo bueno" (Romanos 12:9). El pasaje dice: "El amor sea . . ." como insinuando que no estorbemos o limitemos al amor. El amor de Cristo, si lo dejamos libre e independiente de nuestros prejuicios y malicia, estrechará a todos los hombres. Cristo en nosotros continuará amando, aun lo que no es amable, si es que no lo obstaculizamos con nuestro egoísmo. Debemos darnos cuenta de la diferencia entre amar al pecador y aborrecer su pecado.

Defended valerosamente lo que es justo.

Horacio Pitkin, el hijo de un acaudalado comerciante, se convirtió y fue a China como misionero. Al escribir a sus amigos de América, expresó: "No pasará mucho tiempo sin que sepamos definitivamente si podemos servir al Maestro mejor allá arriba, o aquí abajo." Poco tiempo después, una turba atacó las puertas de la institución donde Pitkin defendía a mujeres y niños. Fue decapitado y su cabeza ofrecida en holocausto ante el altar de una deidad pagana. Su cuerpo fue arrojado a un pozo junto con los cuerpos de nueve cristianos chinos. Sherwood Eddy, al escribir acerca de él, dijo: "Pitkin ganó más hombres con su muerte que los que pudo haber ganado con su vida." Lo mismo puede ser dicho de los cinco valerosos misioneros cristianos que murieron por Cristo en las selvas del Ecuador.

Cristo necesita hombres que tengan consistencia de mártires y que se atreven a asumir una actitud valerosa e inquebrantable para él.

Aprended a descansar en Cristo.

En una ocasión observé a un niñito cuando aprendía a caminar. En tanto que mantenía los ojos fijos en su madre, su cuerpecito se sostenía y equilibraba de manera natural, pero tan pronto como se fijaba en sus tambaleantes piernitas, tropezaba y caía.

Simón Pedro pudo caminar sobre las olas del mar de Galilea mientras mantuvo la mirada fija en Cristo, pero cuando la desvió del Salvador, se hundió.

En los tiempos turbulentos que atravesamos, los hombres se sienten acosados por las tensiones, fobias y temores. Nada puede aliviar la tirantez y nerviosidad como una sólida fe en Cristo.

¡También vosotros podéis aprender a descansar en Cristo!

No os convirtáis en víctimas de la paranoia.

No estoy hablando aquí, por supuesto, acerca de la específica enfermedad mental llamada paranoia que afecta a algunas personas y precisa tratamiento profesional. Sólo hablo aquí de estas situaciones en un sentido general. Me refiero a esa excesiva sensibilidad hacia lo que otros piensan o dicen sobre nosotros, que nos provoca una obsesiva preocupación y ansiedad.

En otras palabras, no seáis hipersensitivos a la crítica, ni abriguéis un exagerado sentimiento de vuestra propia importancia. Esta es la clave de la desdicha. Muchos egocéntricos son víctimas de esta terrible enfermedad mental. Si bien es cierto que la gente jamás los critica, ellos se imaginan todo lo contrario y sufren la agonía de un infierno mental.

Algunas personas son inseguras, careciendo de la necesaria autoconfianza, de manera que son fácilmente heridas por lo que otros dicen. Quizá no sea fácil, pero estas personas necesitan desarrollar más confianza en sí mismas viéndose como Dios las ve. Si este es tu problema, reconócelo tal cual es y date cuenta del daño que te puede causar. Luego pídele a Dios que te ayude a vencerlo en formas prácticas.

El paranoico observa a dos conocidos que se juntan para hablar de "algo serio", e inmediatamente se imagina que hablan de él y sus "faltas". Entonces nuestro sujeto se recluye en la cámara de tortura mental de su propia fabricación, sufriendo lo indecible. Huid de la paranoia como de un perro rabioso.

Recordad que sois inmortales y que viviréis siempre.

El esperar una dicha absoluta e ilimitada en esta vida, es querer lo imposible. Tened presente que esta existencia es sólo una antesala de la eternidad. Jesús expresó en las Bienaventuranzas que en esta vida abundan la persecución, la calumnia, la difamación y el desencanto. Pero también dijo: "Gozaos y alegraos, porque vuestro galardón es grande en los cielos" (Mateo 5:12).

Jesucristo señaló que la relativa felicidad en esta vida, está ligada con la dicha absoluta del más allá. Aquí en la tierra, sólo poseemos las "arras" de nuestra herencia, pero en el cielo entraremos a la plena y absoluta posesión de la felicidad.

El cristiano piensa y actúa en el entramado de la eternidad. No se preocupa cuando las cosas no resultan a la medida del deseo, porque sabe que los sufrimientos de este mundo no valen la pena, ni son de compararse con aquella gloria que ha de ser manifestada. Así es como se goza el cristiano.

En los días cuando se transitaba en diligencias y que en el Viejo Oeste abundaba el oro, los exploradores soportaban los sufrimientos de las interminables llanuras, montañas y desiertos; lo mismo que las salvajes agresiones de los indios, porque sabían que tras aquellas serranías se encontraban los dorados galardones californianos.

Cuano Bill Borden, hijo de una rica familia, se fue de misionero a la China, muchos de sus amigos pensaron que era una tontería malgastar así la vida, tratando de convertir a un puñado de paganos al cristianismo. Pero Bill amaba a Cristo y a los hombres. No transcurrió mucho tiempo sin que contrajera una terrible enfermedad de la cual murió. Junto a su cama encontraron una nota que escribió en estado agónico: "No tengo reservas ni retiradas, o cosas que lamentar."

Bill encontró mayor felicidad en los pocos años de su servicio abnegado, que lo que muchos encuentran en toda una vida.

Incontables personas inteligentes y sensatas han hallado la felicidad en Cristo. Vosotros también podéis encontrarla; mas tened presente, que nunca la lograréis en búsqueda directa, como finalidad en sí, sino como dijo Cristo: "Buscad primeramente el reino de Dios y su justicia, y todas estas cosas os serán añadidas" (Mateo 6:33).